Mathias Jung

Augustinus

Das Drama von Glauben und Vernunft

Ich vermag nicht ganz zu erfassen, was ich bin. Ist denn der Geist zu eng, sich selbst zu fassen? …

Und die Menschen gehen hin und bewundern die Bergesgipfel, die gewaltigen Meeresfluten, die breit daher brausenden Ströme, des Ozeans Umlauf und das Kreisen der Gestirne und vergessen darüber sich selbst.

Augustinus,
Bekenntnisse

die
blaue
reihe

Für meinen geliebten
Bruder im Geiste:
Dr. med. Albert Jung

Mathias Jung

Augustinus

Das Drama von Glauben und Vernunft

die
blaue
reihe

ISBN 3-89189-101-6

1. Auflage 2003

Umschlaggestaltung: Martin Gutjahr-Jung
Umschlagfoto: Der Heilige Augustinus im Gebet, von José de Ribera (Prado, Madrid)
Zeichnungen: Reiner Taudien

Gesamtherstellung: Kösel, Kempten

Inhalt

Untergang Roms

Die Persönlichkeit Augustins, obgleich fast leibhaftig vor uns, bleibt ein Rätsel. Dieser in seiner Zeit allumfassende, immer schaffende Geist, von unbändiger Leidenschaft getrieben, durchhellt ständig sich selbst … und lässt uns doch am Ende fragend stehen. Sein Wesen scheint Züge von Adel und von Gewöhnlichkeit zu zeigen.

Karl Jaspers,
Die großen Philosophen

An Augustinus scheiden sich die Geister. Martin Luther (1483–1546) rühmt: *Darum gefällt mir Augustinus vor allen andern Lehrern, denn er ist ein großer, trefflicher Doktor und alles lobenswert, ob er wohl eine kleine Gemeinde und Kirchspiel gehabt, doch hat er rechtschaffen und rein gelehret und seine Bücher mit christlicher Demut der Heiligen Schrift unterworfen.*

Friedrich Nietzsche (1844–1900) kritisiert

HIER BAUT
DIE KATHOLISCHE
KIRCHE

die Mischung demütiger Servilität mit einer hoffärtig-pöbelhaften Zudringlichkeit, mit der sich der Heilige Augustin vor Gott wälzt. Er konstatiert: *Man lese nur irgend einen christlichen Agitator, zum Beispiel Augustin, um zu begreifen, was für unsaubere Gesellen damit obenauf gekommen sind.*

Der protestantische Oberkonsistorialrat, Goethe-Freund und Kulturphilosoph Johann Gottfried Herder (1744–1803) nennt Augustin einen „Despoten“. Er gelangt zu einer zwiespältigen Bilanz: *Auf einer gefährlichen Spitze stand dieser talentreiche Augustinus. Bei seinem blendenden Witz, den er wie ein funkelndes Schwert hin und her wandte, bei einer raschen schlüpfrigen Einbildungskraft ward sein warmer Eifer fürs Wohl der Kirche dieser selbst schädlich. Er wars, der die gewagtesten Sätze und Unterschiede über Natur und Gnade, über den freien Willen des Menschen und seine Ohnmacht, über Gnade und Verdienst nicht nur in Gang, sondern auch (trauriger Sieg!) ins System der Kirche brachte.*

Eine *gewaltige Gestalt* nennt ihn im 20. Jahrhundert Walter Nigg, reformierter Theologe und Professor für Kirchengeschichte: *Als un-*

vergleichlicher Wahrheitssucher muss er bezeichnet werden, der erst nach einer langen Odyssee den Weg zur Kirche fand. Augustin war, trotz seiner skeptischen Phase, von einem verzehrenden Gottesdurst ergriffen, dem er in seinen tränenschweren „Bekenntnissen“ unvergesslichen Ausdruck gegeben hat, diesem Buch, das nur mit dem Christentum selbst untergehen kann.

Eines wird in der Widersprüchlichkeit dieser Notate sichtbar: Der nordafrikanische Kirchenvater, der die christliche Philosophie in ihrer lateinischen Gestalt schafft und damit das abendländische Denken für fast eineinhalbtausend Jahre prägt, ist eine spannende Persönlichkeit. Auf ihn trifft zu, was Schiller in seinem *Prolog zu Wallensteins Lager* auf den katholischen Generalissimus Albrecht von Wallenstein (1583–1634) münzt: *Von der Parteien Gunst und Hass verwirrt, / schwankt sein Charakterbild in der Geschichte.*

Aurelius Augustinus wird am 13. November 354 in Thagaste, dem heutigen Soŭk-Ahras geboren. Das ist eine kleine Stadt in der römischen Provinz Numidia, dem heutigen Algerien. Wie der Philosoph Lucius Annaeus Seneca (4 v. Chr.–65 n. Chr.), der im andalusischen Cordoba geboren wurde, ist er ein *Randrömer*. Lateinisch ist die Muttersprache Augustins. Griechisch, die Sprache der Gebildeten und der antiken Hochphilosophie, hat er nur schlecht gelernt. Thagaste liegt im Hinterland Numidias, fast vierhundert Kilometer vom Mittelmeer entfernt. Es ist eine bäuerliche Welt.

Der Vater Patricius ist ein kleiner Landeigentümer. Augustin scheint ihn nicht sonderlich geliebt zu haben. Er erwähnt den Vater in seinen *Bekenntnissen* nur am Rande. Dabei ist Patricius außerordentlich stolz auf Aurelius. Er tut alles, um ihm eine gute Ausbildung zu ermöglichen. Patricius stirbt, als der junge Augustin in Karthago, der Hauptstadt des römischen Afrika, studiert. Patricius erscheint wie ein Fremdkörper in dieser Familie, zu der noch ein älterer Sohn, Cavigius, und eine Tochter gehören.

Patricius ist, im Gegensatz zu seiner Frau Monika, kein Christ. Er scheint ein toleranter Mann zu sein, denn, so heißt es in den *Bekenntnissen, obschon er selbst ungläubig war, ließ er der mütterlichen Frömmigkeit ihr Recht, mich zum Glauben an Christus zu führen*. Patricius ist ein Mann der Sinnlichkeit und Lebensfreude. Das trägt ihm Augustin nach. Anders als die chronisch prüde Mutter Monika freut sich Patricius, als er die erwachende Geschlechtlichkeit des pubertierenden Sohnes entdeckt: *Ja, als mein Vater mich, den eben Mannbaren, einst im Bade beobachtete und Zeichen schwellender Jugendkraft wahrnahm, erzählte er es, künftiger Enkel froh, heiteren Angesichts meiner Mutter. Trunkene Freude war es, in der diese Welt dich, ihren Schöpfer, vergisst …*

Demgegenüber ist Augustin seiner Mutter ein Leben lang bedingungslos zugetan. Ist er ihr hörig? Tiefenpsychologisch würde man auf jeden Fall von einer *Mutterfixierung* sprechen. Sie ist eine klammernde Frau, die nicht von der Seite ihres jüngeren Sohnes weicht. Später macht sie Augustin zum Objekt ihrer Heiratsstrategie. In der ersten, fast mönchischen Kommunität in Cassiciacium bei Mailand steht Monika dem Haushalt vor und spricht Machtworte, selbst über Themen der Philosophie und Theologie. Von der ehelichen Untreue ihres Mannes offensichtlich tief verletzt, verurteilt die Witwe Monika die sexuellen Freuden. Sie bestärkt Augustin in einem, wie er sagt, *mystischen Gespräch* wenige Tage vor ihrem Tod (378) in seiner Sehnsucht nach der jenseitigen Welt und Zentrierung in Gott: *Nachdem wir uns darüber klar geworden, dass fleischliche Sinnenlust, so groß sie auch sein und so hell sie auch im Erdenlicht erstrahlen mag, mit den Wonnen jenes Lebens keinen Vergleich aushalten, ja nicht einmal der Erwähnung wert sein kann, erhoben wir uns mit heißem Verlangen zu „ihm selbst"*.

Was passiert, wenn solche vaterschwachen, muttergebundenen zölibatären Kleriker die reale Mutter verlieren? Was füllt dieses seelische Vakuum, wenn die symbiotische Mutterbindung – bei Augustin mit 24 Jahren – durch den Tod zerrissen wird? Augustin spricht von einer *unsäglichen Trauer* und einer Art gewaltsamen Abnabelung von der Mutter: *Weil ich nun ihren großen Trost entbehren muss, war meine Seele wund und mein Leben gleichsam zerrissen, da es mit dem ihren zu einer Einheit verschmolzen gewesen war.*

Resultiert aus dem Ende des familiären Matriarchats nicht vielleicht die Flucht in das weltumspannende Matriarchat der katholischen Kirche und der mönchischen Gemeinschaft? Eugen Drewermann spricht in seinem tiefenpsychologischen Standardwerk *Kleriker. Psychogramm eines Ideals* von jenen *Theologen…, die selber, wie zum Ersatz für den so schmerzlich vermissten Schoß ihrer Mutter, geradewegs in den Schoß der heiligen Mutter Kirche fliehen möchten. Verwöhnung und Überforderung ergänzen sich dabei in Theorie und Praxis derartiger „Gemeinden“: … Ein System totaler Selbstaufopferung, gepaart mit den Vorteilen materieller Versorgung auf der Basis idealkommunistischer Güterteilung, wobei der „Wert“ des Einzelnen nicht darin liegt, dass er er selber ist, sondern dass er dieser Gemeinde von eschatologisch* (auf die Wiederkunft Christi orientierten – M. J.) *Erwählten zugehört.*

Ab 370 studiert Augustin in Karthago. Die reiche Hafenstadt ist eine Metropole von fünfhunderttausend Einwohnern, luxuriös, voller Bildung, Handel und menschlicher Leidenschaften. *Da schwirrte mir ums Haupt ein Gewimmel von Liebeshändeln*, erinnert sich Augustin. Er wagt es, *bei feierlichen Gottesdiensten im geheiligten Kirchenraum wollüstigen Gedanken nachzuhängen und Verabredungen zu treffen zum Genusse tödlicher Frucht.* Er meint damit den

Sex – Augustin lebt und liebt wie nie wieder in seinem Leben. Er genießt die *leiblich-sinnliche Liebesfreude*: *So stürzte ich denn tatsächlich hinein in die Liebe, nach deren Fesseln mich verlangte.... Ich ward geliebt und ein Knecht sinnlichen Genusses und ließ mich frohgemut umschlingen von schmerzenden Banden, um alsbald gepeitscht zu werden mit den glühenden Eisen der Eifersucht, des Argwohns, der Furcht, der zornigen Erregung und Zänkerei.*

Augustin geht eine so genannte zweitrangige Ehe ein. Er macht eine Frau zu seiner *Konkubine*. Fünfzehn Jahre wird diese Beziehung dauern. Sie gebärt ihm in Karthago den Sohn *Adeodatus*, den von Gott Gegebenen. Wir warten vergebens darauf, dass uns Augustin den Namen seiner Lebensgefährtin nennt. Sie bleibt namenlos.

In Karthago studiert Augustin Rhetorik, das heißt Grammatik und die lateinischen Klassiker, um eine Karriere als Lehrer oder hoher Staatsbeamter zu machen. Mit neunzehn Jahren erlebt er seine erste *Bekehrung*. Augustin wird ein Anhänger der Manichäer. Rund ein Jahrzehnt bleibt er ein Anhänger dieser Religionsgemeinschaft. Ihr Gründer war Mani, der sich selbst einen *Apostel Jesu Christi* nannte. Die persische Regierung hatte den Religionsstifter im Jahre 276 hinrichten lassen. Der Manichäismus breitet sich über den Mittelmeerraum bis nach Fernost aus. Die Manichäer gelten als illegal und werden grausam verfolgt. In einer Art Netzwerk von „Zellen“ überziehen sie die römische Welt mit ihrem Geheimbund. In der Fremde wohnen sie versteckt bei anderen Mitgliedern.

Die Religion des Manichäismus ist strikt dualistisch. Licht und Finsternis stehen sich in der Entstehung des Kosmos schroff gegenüber. Der Mensch entstammt seelisch der göttlichen Lichtsubstanz, leiblich ist er in der Finsternis der Materie verwurzelt. Er vermag sich durch Askese, vor allem durch den Verzicht auf Sexualität, zum Licht zu befreien. Trotz mythologischer Phantastereien, Zahlenmystik und abstrusen astrologischen Spekulationen zieht der christliche Manichäismus besonders junge Menschen an. Als gebildetster Vertreter der esoterischen Gemeinschaft gilt zur Zeit von Augustin der Manichäerbischof Faustus.

Augustin ist ein leidenschaftlicher junger

Mann. Was er tut, das tut er rückhaltlos. Er wirbt seine besten Freunde für die manichäische Religion. Gleich darauf ist er enttäuscht, dass die *Erwählten* auch nur Menschen mit ihren Lüsten und Lastern sind und dass auch sie das „wahre" Christentum nicht leben. In seinem Radikalismus und seiner sexualneurotischen Leib-Seele-Spaltung wird Augustin immer ein Stück Manichäer bleiben. Man spürt das an vielen Stellen seines gewaltigen Werkes, so wenn er etwa bekennt: *Ich weiß um meine Seele und um den Körper, der auf ihr lastet, dass sie verfeindet sind seit der Erschaffung dieser Welten.*

Inzwischen lehrt Augustin, dem Studium entwachsen, Rhetorik in Karthago.

Augustin ist ehrgeizig. Er reist 383 nach Rom. Dort prellen ihn die Studenten um seine Vorlesungshonorare. Augustin, inzwischen ein brillanter Rhetoriker und als philosophischer Geist an Cicero geschult, zieht die Aufmerksamkeit des römischen Stadtpräfekten Symmachus auf sich. Der empfiehlt ihn als „Ersten Redner" der Rhetorik an den kaiserlichen Hof. Dieser residiert in Mailand, der Hauptstadt der Lombardei. Mailand wird für Augustin die entscheidende Station seines Lebens. Er erlebt dort gleich drei entscheidende *Bekehrungen*: Die Bekehrung zur Philosophie. Die Bekehrung zur Katholischen Kirche. Die Bekehrung zur ehelosen mönchischen Existenz.

Es ist das Mailand des im ganzen Abendland bekannten Bischof Ambrosius. Ambrosius, Sohn einer führenden römischen Familie, versteht sich nicht nur als Theologe, sondern auch als einflussreicher Politiker des römischen Reiches. Er wird mit seinem machtgeschützten Realitätssinn, christlichen Missionsbewusstsein und seiner klerikalen Autorität für den dynamischen jungen Augustin eine Identifikationsfigur: *Den Ambrosius hielt ich im Sinne der Welt für einen glücklichen Mann, da ihm die höchsten Machthaber Ehre erwiesen. Nur seine Ehelosigkeit dünkte mich beschwerlich.*

In Mailand löst sich Augustin vom Manichäismus. Es überzeugt ihn nicht, die Frage nach dem Bösen an einen *Gott der Finsternis* zu delegieren. Augustin gerät, wie er in seinen *Bekenntnissen* berichtet, an *einige Bücher der Platoniker, die aus dem Griechischen ins Lateinische übersetzt waren*. Es handelt sich um Schriften von Plotin (205–270) und Porphyrius (232–304). Wie ihn zuvor das klare Denken eines Cicero zur Philosophie „bekehrt" hatte, so verinnerlicht Augustin jetzt das auf Plato zurückgehende Denken eines philosophischen Idealismus. Kurz gefasst kann man die Lehren dieses Neuplatonismus etwa so charakterisieren: Jegliche materialistisch-naturwissenschaftliche Auffassung der Welt ist falsch, weil vordergründig. Geist und Seele haben eine höhere Wirklichkeit als die sinnliche Dingwelt. Im Sinne der platonischen Ideenlehre sind die unseren Augen sich darbietenden Phänomene nur ein Abglanz der ewigen Urgestalten. Wahrheit erschließt sich nicht über die Sinne, sondern im Akt des reinen Denkens. Die Seele nimmt durch erinnernde Reflexion an den ewigen Wahrheiten teil. Wir müssen daher unsere Bindung an die sichtbare Welt und unsere Verfallenheit an die „niederen Triebe" aufgeben, um in Askese und Innenschau die „eigentliche", „intelligible" Welt zu erfassen. Die irdische Welt ist armselig.

Die Gewissensqual, sich zwischen seinem bisherigen weltlichen Streben nach Ruhm und Geld und der Berufung nach einem vollkommenen Leben zu entscheiden, wird von Tag zu Tag schmerzhafter. Mutter Monika beschwört den Sohn, sich katholisch taufen zu lassen. Das paulinische Damaskuserlebnis steht für den langjährigen Manichäer Augustin an, nur die Form und der Zeitpunkt sind unbestimmt.

Wie es sich ereignet, in einer offensichtlich hoch suggestiven und psychologisch erregenden Form der „inneren Stimme", das kennt man aus vielen Heiligenlegenden. Es ist der Todeskampf des alten, weltverliebten Menschen und die Geburt des neuen, spirituellen Jüngers. Augustin schildert seine „Bekehrung" in der weltberühmt gewordenen Passage des achten Buches seiner *Bekenntnisse*. Soll er seinem alten Lebensziel, ein berühmter Redner zu werden und eine reiche schöne Frau zu ehelichen, treu bleiben oder soll er sich losreißen zu einer mönchischen Existenz der göttlichen Wahrheitssuche? Augustin: *So war ich krank und marterte mich mit Selbstanklagen weit grimmiger als je zuvor und wälzte und wand mich in meinen Fesseln, dass sie endlich ganz abfallen möchten.*

In einem Mailänder Garten ereignet sich die Entscheidung auf psychologisch höchst beeindruckende Weise: *Ich aber warf mich, weiß nicht wie, unter einem Feigenbaum zu Erde und ließ den Tränen freien Lauf. ... Und sieh, da höre ich vom Nachbarhause her in singendem Tonfall, ich weiß nicht, ob eines Knaben oder eines Mädchens Stimme, die immer wieder sagt: „Nimm und lies, nimm und lies!" ... So kehrte ich schleunigst dahin zurück, wo Alypius noch saß, denn dort hatte ich, als ich fortging, die Schrift des Apostels liegen lassen. Ich griff sie auf, öffnete und las stillschweigend den ersten Abschnitt, der mir in die Augen fiel: „Nicht in fressen und saufen, nicht in Kammern und Unzucht, nicht in Hader und Neid verharret, sondern ziehet an den Herrn Jesus Christus und hütet Euch vor fleischlichen Gelüsten." Weiter wollte ich nicht lesen, brauchte es auch nicht. Denn kaum hatte ich den Satz beendet, durchströmte mein Herz das Licht der Gewissheit, und alle Schatten des Zweifels waren verschwunden.*

Alle Schatten des Zweifels verschwinden. Aber um welchen Preis? Der große britische Historiker Hugh Trevor Roper (1914–2003) beschreibt in einem geistvollen Essay über seinen früheren Geheimdienstkollegen, den sowjetischen Meisterspion Kim Philby, wie sehr ein neues Dogma den Geist zu formen oder zu deformieren vermag. Er bezeichnet die „Bekehrung“ als eine Form der geistigen *Kauterisation* (Gewebeverätzung durch Hitze – M. J.). Trevor Roper: *Die Intensität der Erfahrung brennt einen Teil des Gehirns aus, so dass es nie wieder hergestellt werden kann.*

Augustin lässt sich in der Osternacht des Jahres 387, zusammen mit seinem Sohn Adeodatus, der zwei Jahre später sterben wird, von Bischof Ambrosius taufen. Er entscheidet sich für Enthaltsamkeit und Armut. Zunächst in der Gemeinschaft von Cassiciacum bei Mailand, dann von 388 bis 391 im heimatlichen Thagaste und schließlich ab 396 als Bischof von Hippo Regius, lebt Augustin bis zu seinem Tod zusammen mit gleichgesinnten Klerikern und Freunden in einer Verbindung. Sie bilden eine Mischung von philosophischer und frühmönchischer Gemeinschaft. In den sechs nordafrikanischen Provinzen wird Augustin rasch die überragende geistige Kapazität und Führungspersönlichkeit.

Die Geschichte von Augustins Bischofsernennung ist nicht frei von grotesken Zügen. Eigentlich will er in der Ruhe seiner Klostergemeinschaft in Thagaste sein Leben verbringen. Dazu veräußert er das väterliche Erbe, um Haus und Ländereien für sich und seine Freunde zu kaufen. Eines Tages reist er nach Hippo Regius, dem heutigen Bone (Algerien). Als er die dortige Hauptkirche betritt, schlägt der alte, amtsmüde Bischof Valerius der Kirchengemeinde gerade vor, einen Priester zu wählen, der ihm in seinem Amt beistehe. Als die Gläubigen Augustin entdecken, der als Redner und theologischer Schriftsteller bereits bekannt ist, rufen sie *Augustinus, Priester!* Sie ergreifen den Zögerlichen, stoßen ihn nach vorne, ignorieren seine Tränen und nötigen ihn zur Ordination. Augustin ist noch nicht einmal zum Priester geweiht. Das holt Valerius nun nach.

Fast vierzig Jahre, vom Anfang des Jahres 391 bis zum Sommer 430, amtiert Augustin in der Stadt als Bischof. Die anderen Bischöfe sind zumeist verheiratet. Augustin lebt in der strengen Ordnung einer *vita communis*, einer klerikalen Wohngemeinschaft, durch das Gelübde der Ehelosigkeit und Armut wie durch das Tragen einer schwarzen Robe vom Volk getrennt.

Sein Aufgabenbereich ist gleichermaßen weltlich wie spirituell. Als Bischof hat er, gelegentlich mehrfach an einem Tag, zu predigen, Konvertiten und zukünftige Täuflinge zu unterrichten, Priester und Diakone zu unterweisen sowie an den Konferenzen des nordafrikanischen Episkopats in Karthago teilzunehmen. Er muss das Kirchenpatrimonium, also die Ländereien und aus Schenkungen stammende Habe, verwalten. Gleichzeitig hat er die Aufgabe, „bürgerliches" Recht zu sprechen bei Erbregelungen, Besitzfragen und Vormundschaftsproblemen. Jeden Morgen wechselte er den Altar mit dem Richterstuhl, um die Prozessparteien anzuhören und richterliche Entscheidungen zu treffen. Dispute und Synoden, Konzile und Verhandlungen nötigen ihn zur hohen Arbeitsdisziplin. Der Theologe und Kirchenpolitiker Augustin schafft überdies ein riesiges schriftstellerisches Werk, das er mit Hilfe mehrerer Stenografen diktiert. Es besteht aus einhundertdreizehn Schriften, zweihundertachtzehn Briefen und fünfhundert hinterlassenen Predigten.

Das Leben des Augustin besteht aus fast ununterbrochenem *Kampf*. Augustin ist ohne seine Gegner nicht vorstellbar. Possidius, der erste Biograf Augustins und sein Freund und Bischofskollege, gliedert denn auch die Werke des Kirchenvaters nach den Feinden, welche Augustin gnadenlos bekämpft hat: 1. Gegen die Heiden, 2. Gegen die Astrologen, 3. Gegen die Juden, 4. Gegen die Manichäer, 5. Gegen die Priscillianisten, 6. Gegen die Donatisten, 7. Gegen die Pelagianer, 8. Gegen die Arianer, 9. Gegen die Apolliniristen. Über die Hälfte von Augustins Schriften sind Streitschriften oder polemischer Natur. Das ist nicht unproblematisch. Hass macht hässlich. Hass ist in seinem tiefsten Beweggrund, wie der Religionsphilosoph Sören Kierkegaard (1813–1855) analysiert, *gescheiterte Liebe*.

Augustin erlebt als Zeitgenosse das Ende der abendländischen Antike. In der Nacht des 24. August 410 erstürmt der Westgote Alerich mit seinen Männern Rom. Drei Tage plündern sie, um am vierten Tag die *Ewige Stadt* mit gewaltiger Beute zu verlassen. Das ist der Untergang – ein Heer von Flüchtlingen setzt an die nordafrikanische Küste über. Mit dem Fall Roms ist der westliche Teil des römischen Reiches zusammengebrochen. Die lateinische

Welt ist erschüttert. Über tausend Jahre hatte der römische Staat bestanden und Jahrhunderte lang expandiert. Seine Bauten und Kunstwerke, seine Rhetorik und Philosophie, seine Spiele und Theater repräsentierten ein Imperium der Hochkultur. Ein Mann wie Augustin fühlte sich weder in Byzanz noch in Athen heimisch. Für ihn war Rom die Hauptstadt der Welt und das Zentrum der Kirche. Augustins Bildung gründete in der lateinischen Sprache, Philosophie und Literatur.

Jetzt geht ein ganzes Zeitalter politisch, ökonomisch und kulturell zu Ende, eine Epoche, die aus der verfolgten Schar der zerstreuten Christengemeinden unter Kaiser Konstantin eine mächtige Staatskirche begründet hat.

Augustin erlebt sterbend auch das Ende des römischen Afrika. Geiserich, der König der Vandalen, überquert im Jahr 429 mit achtzigtausend Kriegern die Straße von Gibraltar. Wie ein reißender Strom überschwemmen die Vandalen Mauretanien und Numidia. 430 ist die Stadt Hippo Regius von ihnen eingeschlossen. Mit ihrer Flotte beherrschen sie das nördliche Mittelmeer. Augustin muss die Zerstörung seines missionarischen Lebenswerkes in Afrika erleben. Viele Städte werden in Brand gesetzt, die Bewohner ermordet, die Kirchen verwüstet, die katholischen Priester verjagt.

Augustin verbringt die letzten Wochen auf seinem Sterbebett in einem Zustand religiöser Verdüsterung. Außer dem Arzt und den Pflegern lässt er keinen Menschen zu sich. Er weint, wie die Augenzeugen berichten, ständig und überströmend. Kein Hauch von göttlicher Gnade, keine sakramentale Tröstung der Kirche erreicht den Sterbenden. Er lässt die Bußpsalmen Davids abschreiben und an eine Wand heften. Er liest sie unaufhörlich und strömt über von Tränen. Am 28. August 430 hört sein Herz auf zu schlagen.

Augustin wird am gleichen Tag beerdigt. Ein Jahr darauf wird Hippo evakuiert und zum Teil niedergebrannt. Der Klerus muss fliehen. Augustins Leichnam wird später, zu einem unbekannten Zeitpunkt, nach Sardinien gebracht. Von dort überführt die Kirche seine sterblichen Überreste 725 nach Pavia, in die romanische Basilika San Pietro. Hier ist heute noch sein Grab. Das ist nicht ohne tiefere Symbolik. Während das christliche Nordafrika unter dem Ansturm der Vandalen und später des Islam zusammenbricht, macht das Denken des katholischen Kirchenvaters auf dem anderen, dem europäischen Kontinent, Weltgeschichte.

Das Drama des Ich

Das Wesen der Psyche reicht wohl in Dunkelheiten weit jenseits unserer Verstandeskategorien. Die Seele enthält so viele Rätsel wie die Welt mit ihren galaktischen Systemen, vor deren erhabenem Anblick nur ein phantasieloser Geist sein Ungenügen sich nicht zugestehen kann.

C.G. Jung,
Gesammelte Werke VIII. S. 454

Bei Augustin lernt das Ich sprechen. Kein anderer früher Denker hat so viel zur Entfaltung des Persönlichkeitsgedankens und der Ich-Psychologie beigetragen wie dieser erste christliche Philosoph in seinen *Confessiones*. Im Jahr 397, also kurz nach seiner Inthronisation als Bischof in Afrika, schreibt Augustin seine *Bekenntnisse*. Sie werden eines der meist gelesenen Bücher aller Zeiten. Sie sind nicht nur ein Meisterwerk der Selbstanalyse und Ich-Reflexion, sondern auch literarisch,

ICH WARD MIR SELBST ZUM RÄTSEL
>AUGUSTINUS<

philosophisch und theologisch von welthistorischem Rang. Man sollte sie wenigstens einmal im Leben gelesen haben. Augustin wird mit seiner hervorragenden Beobachtungsgabe sozusagen zu einem Urvater der Psychologie – weit vor Sigmund Freud und Carl Gustav Jung! Die dreizehn Bücher seiner Autobiografie ziehen uns heute noch mit ihrer schonungslosen Selbstenthüllung in ihren Bann.

Mit einer nachgerade existenzphilosophischen Radikalität, wie wir sie später bei philosophischen Individualisten wie Blaise Pascal (1623–1662), Sören Kierkegaard und Friedrich Nietzsche erfahren, und mit einer phänomenologischen, also beschreibenden Eindringlichkeit, wie sie im letzten Jahrhundert von dem Philosophen Edmund Husserl (1859–1938) entwickelt wird, erforscht Augustin den Innenraum seiner Seele. Er analysiert den Kosmos der Psyche eminent modern, nämlich aus einem über Hunderte von Seiten hinaus nicht ablassenden Staunen über das unbegreifliche Sein des Menschen. *Ein tiefes Geheimnis ist der Mensch*. Und: *Ich ward mir selbst zum großen Rätsel.*

Der Mensch als *animal rationale*, als *denken-*

des Tier, das durch seine Geistigkeit zu grandiosen schöpferischen Leistungen fähig ist, aber gleichzeitig seinen einmaligen Sonderstatus mit Sünde, Schuld, Einsamkeit und Verlorenheit bezahlt – das ist das erschütternde Thema dieses frühen Autobiographen. Augustin eröffnet mit seinem kühnen Interesse an der Abgründigkeit und Einzigartigkeit des Menschen und seiner zerbrechlichen Seele eine Persönlichkeitskultur, die erst wieder in der Moderne erreicht wird. Beispiele hierfür sind in den Meisterwerken von Jean Jacques Rousseau (1712–1778) in seinen *Confessions*, Johann Wolfgang Goethe (1749–1832) in *Wilhelm Meister* oder Gottfried Keller (1819–1890) in seinem Erziehungsroman *Der Grüne Heinrich* zu finden.

Karl Jaspers charakterisiert die Lektüre der *Bekenntnisse* als ein *ständiges Befremdetsein* im Umgang mit Augustin: *Augustin lässt uns teilnehmen an seiner Erfahrung der Grenzsituationen, der Hoffnungslosigkeit des Weltseins als solchen, der Verkehrungen des Menschseins und ihrer Ausweglosigkeit, – und dann ist dies alles aufgenommen nicht in eine Freiheit der Vernunft, die ihren Weg sucht ohne Garantie, … sondern in die*

Gewissheit der Gnade, garantiert durch die kirchliche Autorität und ihrer einen ausschließlichen Wahrheit. Die Großartigkeit der Erscheinung Augustins für philosophierende Menschen liegt darin, dass wir von einer Wahrheit ergriffen werden, die so, wie sie uns ergreift, nicht mehr die christliche Wahrheit Augustins ist

Augustin unternimmt in den *Bekenntnissen* eine Zwischenbilanz und Inventur seines zerklüfteten Wesens. Wir wissen heute, Schreiben kann Therapie sein: Aufdecken des eigenen Unbewussten, der geheimnisvollen Lineaturen der Biographie, der Gnadenmomente des Lebens wie auch der Dunkelheiten der Schattenpersönlichkeit. Welchem anderen Autor gelingt es zu dieser Zeit wie Augustin, so realistisch und unsentimental Aggressionen, Triebhaftigkeit und die destruktive Seite schon des Kindes darzustellen? Es verlangt bereits in den ersten Stunden seines Lebens, wie Augustin beobachtet, mit zornigem *Geschrei nach der Mutterbrust*. Geschwister rivalisieren bereits auf das Härteste miteinander: *Nein, schwach und darum unschuldig sind nur die kindlichen Glieder, nicht des Kindes Seele. Mit eigenen Augen sah und beobachtete ich einmal eines Knäbleins Eifersucht. Es konn-*

te noch nicht sprechen und schaute doch blass, mit bitterbösem Ausdruck auf seinen Milchbruder.

Schon das Kind ist, wie der spätere Erwachsene, von Widersprüchen, von positiven und negativen Strebungen förmlich zerrissen. Augustin seziert diese Anatomie des Psychischen, ohne etwas zu beschönigen, an den Exzessen des eigenen Lebens: *Denn mit ungezählten Lügen hinterging ich den Erzieher sowie die Lehrer und Eltern, da ich das Spielen nicht lassen konnte und darauf brannte, nichtsnutzigen Schaustellungen zuzusehen und in ruhelosem Spieltrieb sie nachzuahmen. Auch bestahl ich Teller und Tisch meiner Eltern, bald um den eigenen leckeren Gaumen zu befriedigen, bald um andere Knaben damit zum Spiel zu verlocken.*

Literaturliebhaber erinnern sich in diesem Zusammenhang vielleicht an eine der autobiografischen Erzählungen Hermann Hesses, *Kinderseele*. In dieser schildert der Dichter seine frühen Gewissensqualen: Er stiehlt aus dem Arbeitszimmer seines Vaters Feigen und leugnet auf die liebevollen Vorhaltungen seines Erzeugers die Tat bis an den Rand des psychischen Zusammenbruchs. Augustin spricht von seiner früheren *eitlen Gier, mich hervorzu-*

tun und seiner Starrköpfigkeit: *Wurde ich aber selbst ertappt und ausgescholten, tobte ich lieber, als dass ich nachgegeben hätte. Ist das kindliche Unschuld?*

Augustins Erinnerungen an seine Entwicklung vom Kind zum jungen Mann sind von einem nachtschwarzen Pessimismus erfüllt. Sie dienen ihm als Belegstücke für die „Erbsünde" und die heillose Verlorenheit des Menschen. Das heben seine Kritiker mit Recht hervor. Es gibt bei Augustin wenig Wohlwollen für die Fehlbarkeit und den langen Entwicklungsweg von Irrtum und Versuch in der Psychogenese eines Menschen. Schon gar nicht kennt der Kirchenvater Gnade gegenüber den Tollheiten, die wir aus der herrlichen Lust unseres Fleisches heraus begehen.

Diese Einwände, so scheint mir, dürfen uns jedoch nicht den Blick dafür verstellen, dass der Psychologe Augustin das Böse im Menschen, seine Fähigkeit zur Zerstörung, scharfsinnig und unerschütterlich thematisiert. Psychotherapeuten, die Seelsorger von heute, müssen sich nicht ganz zu Unrecht gelegentlich von Theologen den Vorwurf gefallen lassen, in den Sitzungen mit bedrängten Menschen die Komplexe von Schuld, Sühne und Verzeihung im Geiste einer lieb gemeinten aber flachen Verstehenspsychologie einfach auszublenden und damit den leidenden Menschen in seiner Mündigkeit und freien Willensentscheidung für Gut und Böse nicht ernst zu nehmen.

So gesehen fällt auch auf die – von manchen Kritikern als zu skrupulös gerügte – berühmte Darstellung des Birnendiebstahls ein anderes Licht: *Denn ich stahl, was ich selbst im Überfluss und viel besser besaß, wollte das gestohlene Gut auch nicht etwa genießen. Sondern den Diebstahl selbst und die Sünde wollte ich genießen. Ein Birnbaum stand in der Nähe unseres Weinbergs, mit Früchten beladen, die weder durch Aussehen noch durch Geschmack locken konnten. Tief in der Nacht … machten wir bösen Buben uns daran, den Baum zu schütteln und plündern und schleppten die Früchte haufenweise weg. Mochten wir auch einige essen, taten wir es doch nicht deswegen, sondern warfen sie meist den Schweinen vor. Was uns reizte, war nur dies, dass es verboten war.*

Hier listet nicht einfach ein Zwangsneurotiker die unendliche Geschichte seiner Verfehlungen auf. Nein, Augustin beschreibt die

Struktur jenes Bösen, das um seiner selbst Willen – und nicht als Mundraub im Sinne eines übergesetzlichen Notstandes – praktiziert wird. Augustin erfasst hervorragend die Freiheit und damit die Ambivalenz des menschlichen Willens. Er will und er will doch nicht. Augustin beschreibt diesen Widerspruch noch genauer im achten Buch der *Bekenntnisse* bei der Schilderung seiner Bekehrung.

Längst hatte sich für ihn, den Cicero-Schüler und Neuplatoniker, die Wahrheit des Christentums als unabweislich aufgedrängt. Es bedürfte nur eines kleinen Willensentschlusses, die alte Zögerlichkeit abzustreifen und, zum Wohlgefallen der Mutter Monika, beim Bischof Ambrosius um die Taufe nachzusuchen. Aber genau diesen Schritt tut Augustin nicht, sondern zermarterte sich lieber über Wochen und Monate seinen Kopf: *Nun aber war der Tag gekommen, an dem ich nackt dastand vor mir selbst und das Gewissen mich schalt: „Was sagst du nun? Immer hast du behauptet, weil ungewiss dir noch die Wahrheit sei, wolltest du die Bürde der Eitelkeit nicht abwerfen. Sieh, nun ist sie gewiss, und noch immer drückt dich die Bürde, und anderen, die sich nicht wie du mit Suchen ab-*

gequält, nicht ein Jahrzehnt und länger über diese Dinge gegrübelt haben, wachsen auf freieren Schultern die Flügel.

Wo wir nicht auf unsere innere Stimme hören, da ist unsere Seele nicht bei sich, sondern steht, wie Augustin erkennt, unter dem Diktat der alten schlechten *Gewohnheiten*. Der Wille des Selbst spaltet sich in zwei Willen, einen vorwärts weisenden und einen beharrenden. Augustin: *Leichter gehorchte der Körper dem geringsten Willensantrieb der Seele und bewegte auf ihrem Weg seine Glieder, als dass die Seele sich selbst gehorcht und allein durch ihren Willen ihr starkes Wollen in Tat umgesetzt hätte … So ist es denn keine Ungeheuerlichkeit, dies teilweise Wollen und teilweise Nichtwollen, sondern eine Krankheit des Geistes, der, von der Wahrheit unterstützt, aber von der Gewohnheit beschwert, sich nicht ganz erheben kann.*

In der Psychotherapie pflegen wir Therapeuten einem Menschen, der sich hinter der lähmenden Formel *Ich kann nicht* versteckt, vorzuschlagen, die ehrliche Formulierung *Ich will nicht* zu verwenden. Damit gewinnt er wieder die moralische Lufthoheit im Lebenskampf. Zugleich wird der Klient damit aber auch gewahr, dass er in der Vergangenheit sich durchaus im freien Willen für das Böse, etwa die Verletzung seines Partners, entschieden hat. Das ist augustinisch gedacht. C. G. Jung (1875–1961), der Schweizer Psychoanalytiker und Arzt, konstatiert (in Gesammelte Werke IX, S. 63): *Es ist heute, wie zu allen Zeiten, wichtig, dass der Mensch die Gefahr des Bösen, die in ihm lauert, nicht übersieht. Sie ist leider nur allzu wirklich, weshalb die Psychologie auf der Realität des Bösen bestehen und irgend eine Definition, welche das Böse als unbedeutend oder gar als nicht existierend auffassen will, abweisen muss. Die Psychologie ist eine Erfahrungswissenschaft, die es mit wirklichen Dingen zu tun hat.*

Biografien werden meist von ihren Autoren geschönt und uns als eine Abfolge klaren, konsequenten Handelns präsentiert. Augustin beschreibt dagegen realistisch, wie sich die innere Entwicklung eines Menschen in Wirklichkeit abspielt: im Zickzackkurs. Augustin durchbricht die Scham, die uns daran hindert, wahrhaftig über uns zu berichten. Wer gibt schon gerne zu, dass er sein hohes berufliches Engagement oder seine ehrenamtliche Tätigkeit auch aus Eitelkeit betreibt? Augustin tut es. Er habe sich in der Rednerschule von Karthago aufgebläht, schreibt er im dritten Buch, und die Lehrbücher der Beredsamkeit im Wesentlichen deshalb studiert, weil *ich mich auszuzeichnen wünschte. Verwerflich und nichtsnutzig war die Absicht, die ich dabei hegte, denn es ging mir nur um die Befriedigung der Eitelkeit.*

Bei Augustin liest man beglückt, sich an so manche eigene geistige „Bekehrung" erinnernd, wie ein Buch über Nacht schlagartig den Lebenskurs zu ändern vermag. Augustin: *Den üblichen Lauf des Studiums verfolgend, stieß ich nun auf das Buch eines gewissen Cicero ... Dieses sein Buch, das den Titel „Hortensius" führt, enthält einen Mahnruf zur Philosophie. Dies Buch war es, das meinen Sinn umwandelte ... und meinem Wünschen und Verlangen neuen Inhalt gab. Da ward mir plötzlich schal all mein eitles Hoffen, mit unglaublicher Inbrunst richtete sich meines Herzens Begehren auf die unsterbliche Weisheit.*

Wer von sich berichtet, wie Augustin, gibt immer auch bewusst oder unbewusst peinliche Wahrheiten von sich preis. Wenn Augustin seine neunjährige Anhängerschaft bei den Manichäern beschreibt – der eifrige katholische Konvertit nennt sie jetzt nur noch eine *Sekte* –, enthüllt er dabei einiges über den Seelenterror seiner Mutter. Vielleicht war er ja auch in die Arme der Manichäer geflüchtet, um einmal in seinem Leben in einem Akt der Rebellion aus dem Dunstkreis der bigotten Katholikin Monika zu entfliehen und ihr seine männliche Identität gegenüber zu setzen. Sei dem wie es sei, Mutter Monika macht dem manichäischen Sohn tränenreiche Szenen: *Denn es weinte um mich zu dir* (Gott – M.J.) *meine dir treu ergebene Mutter, mehr als sonst wohl Mütter ihrer Kinder leiblichen Tod beweinen.* Mutter Monika weigert sich, für ihren Sohn weiterhin zu waschen und zu kochen, *aus Widerwillen und Abscheu vor meiner gotteslästerlichen Verirrung.*

Die Mutter ist, wie die *Bekenntnisse* enthüllen, die große Verbotsinstanz und das später verinnerlichte Über-Ich in Augustins Leben. Sie verbietet ihm die Sexualität, die Freude an seinem Körper und jeden nichtkatholischen Weg. Man hat den Eindruck, sie beherrscht ihren Sohn wie einen Besitz. Der amerikanische Psychoanalytiker Charles Klegerman sieht in dem Mutterkomplex des Augustin eine erotische Komponente: *Frigide, hypermoralische Frauen finden häufig einen verborgen in-*

zestuösen Lustgewinn in solch stürmisch emotionalen Szenen mit ihren Söhnen (zitiert nach: Kurt Flasch, Augustin. Einführung in sein Denken).

Augustin schreibt berückend schön über Endlichkeit und Ewigkeit, Freude und Trauer, spirituelle Hingabe und den dialektischen Fluss alles Seienden, die menschliche Gebürtlichkeit und Vergänglichkeit. Über die *schönen Dinge* des Lebens urteilt er mit leiser Melancholie: *Sie entstehen und vergehen. Mit ihrer Entstehung beginnt ihr kreatürliches Sein, dann wachsen und reifen sie. Sind sie gereift, dann altern sie und sterben. Nicht alles wird alt, aber alles muss sterben. Was so entsteht und zu sein trachtet, je schneller es seinshungrig wächst, um so mehr eilt es dem Nichtsein entgegen. Das ist das Los der Erdendinge.* Was immer lebt, muss sterben. Und wir sind doch so seinshungrig!

Der Mensch lebt nicht vom Brot allein. In kaum einem anderen Werk der Weltliteratur wird dies so deutlich wie in den *Bekenntnissen*. Wie ein antiker Doktor Faust begehrt der manichäische junge Augustin zu wissen, was die Welt im Innersten zusammenhält. Er sucht, wie jeder von uns, hartnäckig einen Lehrer und die einzig richtige Lehre. Aber gibt es die überhaupt? Müssen wir nicht in die Lehre bei uns selbst gehen? Hat sich der Philosoph Augustin nicht von der einen, der manichäischen Lehre, gelöst, um sein *unruhiges Herz* in der allein selig machenden Kirche ein für allemal zu beruhigen?

Neun Jahre wartet der junge Manichäer mit inbrünstigem Verlangen auf die Ankunft des berühmten, redegewandten manichäischen Bischofs Faustus. Als er ihn endlich in Karthago sprechen kann, ist Augustin grenzenlos enttäuscht: *Doch was half es meinem Durst, wenn mir der höflichste Mundschenk kostbare, aber leere Becher reichte?*

Augustin reist nach Rom, *weil mir dort von den Freunden, die mich berieten, größere Einnahmen und höheres Ansehen in Aussicht gestellt wurden* und weil dort die Studenten *durch straffe Disziplin in Schranken gehalten würden*. Erneut versucht er sich von Mutter Monika zu emanzipieren, aber er meutert nur auf Knien. Die Mutter folgt ihm in ihrer übergriffigen Gluckenart bis an den Hafen von Karthago: *Ich aber täuschte sie, die sich an mich klammerte, um mich entweder zurückzuhalten, oder mit mir zu fahren und gab vor, bei einem Freunde bleiben zu wollen, der auf güns-*

tigen Wind zur Abfahrt wartete. Die Mutter bleibt *betend und weinend* zurück. Erschrocken beichtet Augustin im 5. Buch Gott die Sünde seiner Abnabelung: *Der Wind blies und schwellte unsere Segel, die Küste entschwand unseren Blicken. Sie aber stand frühmorgens da, fast wahnsinnig vor Schmerz, und füllte mir ihren Klagen und Seufzern deine Ohren.*

Die geistige Odyssee des Augustin will kein Ende nehmen. Daraus mag man als Leser Kraft schöpfen, wenn man manchmal fassungslos auf das verwirrende Patchwork des eigenen Lebensteppichs blickt. In Rom verkehrt Augustin immer noch mit den Manichäern, *verzweifelte aber daran, in dieser falschen Lehre noch Fortschritte machen zu können.* Jetzt stößt er auf die *Academicer* und schließt sich ihnen geistig an. Das sind philosophische Skeptiker, die entfernt an die griechischen Sophisten des vierten vorchristlichen Jahrhunderts erinnern. Sie sind der Meinung, man müsse an allem zweifeln. Sie stellen die Grundsätze der Religion, Moral, Staatskunst und Rechtslehre in Frage.

Augustin entgleitet diesen Einflüssen wieder, als er in Mailand den Bischof Ambrosius kennen lernt. Dessen Schriftauslegung macht ihm tiefen Eindruck. Nun sitzt er zwischen allen Stühlen. Mühsam strampelt er sich von den manichäischen Lehren frei, zweifelt nach Art der Academicer und sehnt sich nach dem *heilsamen Namen Christi*. Was für ein Tollhaus widerstrebender geistiger Impulse!

Augustin wandert, wie er schreibt, *in Finsternis und auf schlüpfrigen Wegen*, er gerät in *des Meeres Tiefe* und findet doch seinen Gott nicht. Dafür findet Monika rasch wieder ihren Sohn: *Schon war meine Mutter zu mir gekommen, stark in ihrem frommen Glauben. Über Land und Meer war sie mir gefolgt*. Die Mutter und der Bischof Ambrosius schätzen sich: *Ihn liebte sie unendlich um meines Heiles Willen, er aber liebte sie wegen ihres so frommen Wandels, da sie „brünstig im Geist" gute Werke tat und häufig zur Kirche kam, so dass er oft, wenn er mich erblickte, in Lobeserhebungen ausbrach und mir Glück wünschte, solch eine Mutter zu haben. Aber er wusste nicht, welch einen Sohn sie hatte, der an all dem zweifelte und nicht glaubte, dass der „Weg zum Leben" irgend gefunden werden könne.*

Der Weg zum Leben, das ist es. Keinem von uns bleibt die Suche danach erspart. Augustins Freund Alypius drängt Augustin, von einer Ehe mit einer reichen Mailänderin abzusehen: *Er betonte immer wieder, wenn ich das täte, könnten wir unmöglich in ungestörter Gemeinschaft und Ruhe der Liebe zur Weisheit leben, wie wir doch schon lange uns wünschten. Er selbst nämlich führte damals ein vollkommen keusches Leben ... Eine ganze Anzahl Freunde waren wir, die in mancherlei Gesprächen hin und her überlegten und, angewidert von der Wirrwarr und der Mühsal des Menschenlebens, schon beinah den festen Entschluss gefasst hatten, fern vom Weltgetriebe ein Leben in stiller Muße zu führen.* [...] *Als aber dann die Frage auftauchte, ob auch die Weiblein damit einverstanden sein würden, welche die einen bereits hatten und die anderen gern haben wollten, sprang der ganze schön ausgedachte Plan in den Händen entzwei und ward weggeworfen.* Besonders Augustin fürchtet, ganz elend zu sein, *fehlten mir des Weibes Liebkosungen.*

Das Dilemma, berichtet Augustin, war qualvoll: *Die Zeit ging hin, und „ich verzog, mich zum Herrn zu bekehren", verschob es von Tag zu Tag, in dir zu leben, verschob es aber nicht, täglich in mir selbst zu sterben.* Seine Lebensgefährtin steht Monikas ehrgeizigen Heiratsplänen im

Wege, also schickt er sie nach Afrika zurück. Wir erfahren kein Wort, was aus ihr geworden ist. Für Augustin scheint es auch selbstverständlich gewesen zu sein, dass sie ihm den gemeinsamen Sohn Adeodatus, den *Sohn der Sünde*, großzügig überlässt. Da er die „standesgemäße", für eine Heirat jedoch noch zu junge Braut erst in zwei Jahren heimführen kann, ... *verschaffte ich mir eine andere, aber keine Gattin*. Man *verschafft sich* eine neue Frau, wie man sich ein neues Möbelstück zulegt.

Der norwegische Schriftsteller Jostein Gaarder, bekannt durch seinen philosophischen Jugendroman *Sofies Welt*, lässt in der Novelle *Das Leben ist kurz* Augustins Frau auftreten. Sie schreibt dem Bischof von Hippo einen scharfen Anklagebrief. Die fiktive Floria rügt darin Augustin: *In allen deinen Büchern schreibst du unablässig über „Sinnenlust" und „sündhafte Lüste". Bist du je auf den Gedanken gekommen, dass du vielleicht derjenige bist, der Gottes Geschenken Verachtung entgegenbringt?*

Scharf beleuchtet Floria die Gottesvorstellung ihres Exmannes: *Waren wir nicht zwei miteinander verschmolzene Seiten des eigenen Lei-*

bes – so, wie eine Brücke zwei Flussufer zu einem Leib verbindet? Und dann erhebt sich plötzlich aus diesem Fluss eine mächtige Gottheit – oder ein abstraktes Prinzip wie die Enthaltsamkeit – und zerbricht die Verbindung von einem Ufer zum anderen? Nein, ich glaube nicht an einen solchen Gott, geliebter Bischof.

Jostein Gaarder legt Augustins „Konkubine" Floria prophetische Worte in den Mund: *Ich habe Angst, Aurel. Ich fürchte mich davor, was die Kirchenmänner vielleicht eines Tages mit Frauen wie mir machen werden. Nicht, weil wir Frauen sind, so, wie Gott uns geschaffen hat. Sondern, weil wir Frauen sind, die euch in Versuchung führen, weil ihr Männer seid, so, wie Gott euch als Männer erschaffen hat. Du meinst, dass Gott Eunuchen und Verschnittene inniger liebt als Männer, die auch eine Frau lieben. Aber dann preise Gottes Schöpfung nicht zu laut, denn Gott hat den Mann nicht geschaffen, damit er sich entmannt.*

Mit Spannung liest man Augustins Schilderung seiner philosophisch-theologischen Freundesgemeinschaft auf dem Landgut des Gefährten Verecundus in Cassiciacum bei Mailand. Obwohl es eine gute Zeit ist, leidet der körperlich zeitlebens zarte Augustin an

Asthma und Brustschmerzen. Psychosomatisch dürften sie wohl für all die ausgestandenen existenziellen Ängste stehen. Denn vergessen wir nicht, bei aller Beschwörung der süßen Gotteszuversicht, die wie ein basso continuo die *Bekenntnisse* durchdringt, wird doch die Gegenmelodie durch Angst geprägt.

Es ist die Angst vor dem *zähen Vogelleim des Todes*, die Augustin, wie er einräumt, entsetzlich peinigt. Drewermann betont in seinem Werk *Kleriker* den Zusammenhang von individueller Angst und ihrer Kompensation durch die Institution Kirche: *Es ist von daher sehr wichtig, immer wieder die enorme Energie basaler* (grundlegender – M. J.) *Angst zu beachten, die im klerikalen Überichdenken strukturell verfestigt ist. Gerade die ideologisch so stabil erscheinende Heilsgewissheit, die behauptete Irrtumsfreiheit des Lehramtes, die routinierten Ableitungen der Kirche Christi als der römisch-katholischen, in allen Teilen ihrer Institutionen, Riten und Praktiken geben sich psychoanalytisch als ein phantastischer Apparat der Angstberuhigung zu erkennen, der so riesengroß ausfallen muss, weil er das Größte und Schönste, aber eben deswegen auch das am meisten Ängstigende niederhalten und überdecken muss, was im Gang der Evolution auf diesem Planeten je hervorgebracht wurde: Die individuelle Person. Der ganze Überbau des klerikalen Denkens ist so lange nötig, das heißt buchstäblich „heilsnotwendig", als es die Kleriker im Amt selber nicht gelernt haben noch lernen dürfen, ein ruhiges Selbstvertrauen aufzubauen und die Wahrheit des Göttlichen in der eigenen Person zu suchen.*

Augustin, Adeodatus und Alypius werden von Ambrosius getauft: Was Augustin an Beziehungsfähigkeit mit einer Frau nicht zu verwirklichen vermag, das transponiert er in einer ungewöhnlich glutvollen, stellenweise mystischen Art und Weise in die Form seiner Gottesliebe. Das dürfte ein Phänomen sein, das die Antike nicht gekannt hat, und das, wo immer man weltanschaulich steht, Achtung abnötigt: das Ergriffensein durch einen Gott, der nicht beweisbar, nicht begreifbar und nicht beschreibbar ist.

Hier kommt im christlichen Abendland ein völlig neuer Ton der Entrückung und Entzückung auf, der Menschen zum Märtyrertum und Höchstleistungen christlichen Erbarmens wie sakraler Kultur und Bildung anstachelt. Zugleich führt er aber auch zu den Verbrechen der Kreuzzüge, der Inquisition, des Hexenwahns und schließlich der geistigen Entmündigung durch den *index librorum prohibitorum*, das Verzeichnis der für Katholiken verbotenen Bücher.

Wie ein Liebhaber spricht Augustinus diesen Gott, die Liebe seines Lebens, an: *Du Höchster, Bester, Mächtigster, Allermächtigster, Barmherzigster und Gerechtigster, Verborgenster und Gegenwärtigster, Schönster und Stärkster, ... heilige Wonne meiner Seele ... Weder meine Mutter noch meine Ammen hatten sich selbst ihre Brüste gefüllt, sondern du botest mir durch sie die kindliche Nahrung ... Alle Wohltaten stammen ja von dir...* Und: *Wie habe ich geweint bei deinen Hymnen und Gesängen, wie ward ich innerlich bewegt, wenn deine Kirche von den Stimmen der Gläubigen lieblich widerhallte! Jene Klänge flossen in meine Ohren, Wahrheit träufelte in mein Herz, fromme Empfindungen wallten auf, die Tränen liefen, und wie wohl war mir bei ihnen zumute!*

Was liebe ich, wenn ich dich liebe fragt sich Augustin und antwortet, es ist *eine Art von Licht, von Stimme, von Duft, von Speise und von Umarmung, wenn ich meinen Gott liebe, Licht,*

Stimme, Duft, Speise, Umarmung meines inneren Menschen. Was da meiner Seele leuchtet, fasst kein Raum, was da erklingt, verhallt nicht in der Zeit, was da duftet, verweht kein Wind, was da mundet, verzehrt kein Hunger, was da fesselt, trennt kein Überdruss. Das ist es, was ich liebe, wenn meinen Gott ich liebe.

Als Philosoph reflektiert Augustin auch die Bedingungen der Möglichkeit von Erkenntnis. Er folgt hier der platonischen Tradition. Mit hoher Plastizität würdigt er im zehnten Buch das, was Platon, die *anamnesis*, die wiedererinnernde Fähigkeit des Menschen und seine Teilhabe an dem Reich der Ideen nennt. *Sieh, wie ich auf der Suche nach dir, Herr, des Gedächtnisses weite Räume durchstreifte, und außerhalb seiner hab ich dich nicht gefunden. Denn nichts von dir finde ich, das ich nicht in Erinnerung trüge, seit ich zuerst dich kennen gelernt.*

In der Bibelinterpretation des zwölften Buches stellt Augustin in klassischer Form die Schöpfungsgeschichte und Redeweise der Bibel dar. Hier spricht der Gläubige, der Theologe. Der philosophische Gedanke der Transzendenz und Metaphysik, also die hypothetische

Annahme einer jenseitigen Realität, wird nach Augustin bewiesen durch den Offenbarungsglauben von der Erschaffung Adams bis zum jüngsten Gericht. Die Bibel wird für Augustin der breite Strom zur Wahrheit. Die Philosophie hat die Aufgabe, den Glauben zu stärken, ihn zu untermauern. Sie wird bei all ihrer Wirkmächtigkeit letztlich zur *ancilla theologiae*, zur „Magd der Gotteslehre".

Gegenüber späteren theologischen Nachfolgern wie Luther behält bei Augustin die *Ratio*, die Vernunft, allerdings noch hohe Leuchtkraft. Luther wird 1530 das Wort von der *Hure Vernunft* prägen: Des *Teufels Braut, Ratio, die schöne Metze fähret herein, und was sie sagt, meinet sie, es sei der Heilige Geist! Wer will da helfen? Weder Jurist, Medicus, noch König und Kaiser. Denn es ist die höchste Hure, die der Teufel hat.*

Dem Gelehrten wie dem Einfältigen sind nach Augustin die biblischen Erzählungen in ihrer fast unbegrenzbaren Deutungsmöglichkeit ein Leitfaden zur Wahrheit. Augustin: *Denn wie eine Quelle auf engem Raum wasserreicher ist und in mehrere Bäche geteilt größere Flächen bewässert als jeder einzelne Bach, der, aus derselben Quelle wie die anderen gespeist, weithin durchs Land sich ergießt, so lässt die* (biblische – M. J.) *Erzählung ... zum Gewinn vieler künftiger Ausleger, mit so wenigen Worten sie sich auch begnügt, eine reiche Fülle lauterer Wahrheit hervorquellen. Daraus mag sich dann ein jeder so viel Wahres wie er fassen kann, der eine dies, der andere jenes, schöpfen und es in umständlicher Darlegung ausbreiten ...*

Das ist natürlich Lichtjahre entfernt von der modernen Schule der *historischen Bibelkritik*, die von den Theologen vor allem des 19. und 20. Jahrhunderts im Zeichen der Wissenschaft entwickelt wurde. In ihrem Geiste räumt etwa der Schweizer Theologe und Lyriker Kurt Marti ein: *Die Bibel ist eher eine Art Dokumentensammlung. Das heißt: Mit Ungereimtheiten und Widersprüchen aller Art ist hier von vornherein zu rechnen. Und auch: Jedes Bemühen, die Bibel zu interpretieren, wird immer nur selektiv vorgehen können. Damit setzt man sich dem Vorwurf aus, aus der Bibel nur das herauszulesen, was einem gerade passt.* (aus: Kurt Marti/Robert Mächler, *Woher eine Ethik nehmen? Streitgespräche über Vernunft und Glauben*)

Was Augustin im letzten, dreizehnten Buch

über die Dreifaltigkeit des christlichen Gottes ausführt, ist vermutlich nicht nur für den theologisch Ungebildeten nicht nachvollziehbar: *Und in dem Gott, der dies* (die Welt – M. J.) *schuf, erkannte ich den Vater, in dem Uranfang, in dem er es schuf, den Sohn, und da ich meinen Gott dreieinig glaubte, suchte ich in seinen heiligen Worten, und siehe: „Dein Geist schwebte über den Wassern." Sieh, das ist die Dreieinigkeit, ein Gott, Vater, Sohn und Heiliger Geist, der Schöpfer aller Kreatur.* Hier wird man wohl dem katholischen Reformtheologen Hans Küng (in *Große Christliche Denker*) beipflichten müssen, wenn er nüchtern konstatiert: *Aus den ursprünglichen schlichten triadischen* (dreifältigen – M. J.) *Bekenntnisaussagen des Neuen Testaments über Vater, Sohn und Geist hat sich so eine intellektuell immer anspruchsvollere Trinitätsspekulation über „3 = 1" aufgebaut. Beinahe so etwas wie eine höhere trinitarische Mathematik, die freilich trotz aller Bemühungen um begriffliche Klarheit kaum zu dauerhaften Lösungen gelangt ist. Man kann sich fragen: ob diese griechisch-lateinische Spekulation, die sich von ihrem biblischen Boden weit entfernte und kühn in schwindelnde Höhen das Geheimnis Gottes zu erspähen versuchte, nicht vielleicht doch wie Ikarus, der Sohn des Daidalos* [...], *mit den aus Federn und Wachs gefertigten Flügeln der Sonne zu nahe kam?*

So liest man denn insgesamt die *Bekenntnisse* mit angehaltenem Atem. Nicht oft erlebt man, wie ein Mensch derart aus der Tiefe die Qual seiner Unerlöstheit hinausschreit und sich einen Gott als unermesslich hohe Vaterfigur bildet. Je kleiner sich der Mensch Augustin in seinem geistigen Memoirenwerk macht, desto größer, gewaltiger, aber auch gewalttätiger gerät ihm dieser Gott. Auf Augustin trifft das berühmte Bekenntniswort des evangelischen Theologen Friedrich Schleiermacher (1768–1834) zu, das dieser in seinen *Reden über die Religion an die Gebildeten unter ihren Verächtern* prägte: *Die Religion ist das Gefühl der schlechthinnigen Abhängigkeit.*

Mit Augustin endet für lange Zeit jene prometheische Philosophie der Mündigkeit und Selbstbestimmung des Individuums, die Denker wie Sokrates, Aristoteles, Epikur, Seneca und Marc Aurel so kraftvoll beschworen haben. *Der Mensch ist das Maß aller Dinge* konstatierte das optimistische, sinnliche Denken der griechisch-römischen Antike. Und doch ging dieser Mensch respektvoll und freundlich mit seinen zahlreichen Göttern um. Dagegen fällt die neue, monotheistische Zentrierung des christlichen Menschen düster aus – zugleich in ihrer Substanz existenzieller und tiefer.

Aus dem heiteren, azurblauen Himmel der Antike und den luftigen Tempeln mit ihren anmutigen attischen und dorischen Säulen wird in einem harten, geistigen Umschmelzungsprozess ein Gotteshaus, das oben an den Himmel der Erwählten und unten an die Hölle der Verdammten stößt. Augustin verkörpert diesen Epochenbruch und Paradigmenwechsel auf einzigartige Weise. Goethe beschreibt dieses Gottesgewitter in seinen *Zahmen Xenien*: *Was der Mensch als Gott verehrt, ist sein eigenstes Inneres herausgekehrt.*

Erwählte und Verdammte

Seine schwindelerregende Prädestinationslehre, die er mit dem nüchternen Eifer eines großen Festungsbaumeisters erläuterte, war eine weitere „unüberwindliche Bastion“ des katholischen Glaubens.

Peter Brown,
Augustinus von Hippo

Prädestination – das Wort stammt vom lateinischen *prädestinare* und heißt *im voraus zum Ziel setzen*. Die Prädestinationslehre ist also eine Vorbestimmungslehre. Sie bedeutet, dass der Gott der Christen in seiner Unerforschlichkeit über das Heil oder die Verdammnis jedes einzelnen Menschen befindet. Anklänge an diese Prädestination finden sich im Alten Testament (Jeremias 1,5), vor allem aber bei Paulus. *Die er aber berufen hat*, behauptet Paulus, *diese rechtfertigt er auch; die er aber gerechtfertigt hat, diese hat er auch verherr-*

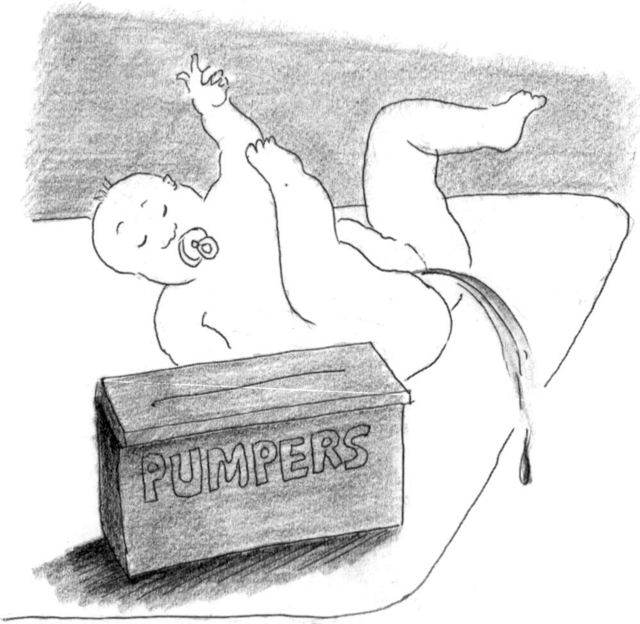

IST DOCH NIEMAND VOR SÜNDE REIN, AUCH KEIN KINDLEIN, DAS NICHT ÄLTER IST ALS EINEN TAG

AUGUSTINUS BEKENNTNISSE

licht. Sie sind die Auserwählten, die Kinder der Verheißung, die durch einen puren Gnadenakt gerettet werden. Es ist nicht ihr Verdienst. Ausdrücklich betont Paulus ihre Erwählung durch den reinen Willen Gottes: *Wenn durch Gnade, so nicht durch Werke, sonst ist die Gnade nicht mehr Gnade* (Römer 11,6).

Die anderen Menschen fallen der ewigen Verdammung anheim. Die erste strenge, ausgeformte Prädestinationslehre legt Augustin vor. Sie ist von einem tiefen anthropologischen Pessimismus geprägt. Augustin charakterisiert die menschliche Natur – im Gegensatz zum optimistischen Menschenbild der Antike – als grundsätzlich verdorben und daher ausweglos auf die göttliche Gnade angewiesen. Augustin selbst bezeichnet sich ja, zu Beginn seiner *Bekenntnisse*, als ein erbarmungswürdiges *Stücklein deiner Kreatur, ein Mensch, der einhergeht unter dem Druck seiner Sterblichkeit, dem Zeugnis seiner Sünde*.

Für den Bischof von Hippo beginnt der Sturz des Menschen mit der *Erbsünde*. An und für sich war der Mensch von Gott aus gut geschaffen. Er verpflanzte ihn im sündenlosen Zustand der Unschuld in eine Welt, in der ihm paradiesische Freuden winkten. Er gab dem ersten Mann Eva als Untertanin (!) zur Seite: *So sehen wir, dass für den Mann leiblich das Weib geschaffen ist, das zwar geistig Kraft seiner Vernunft und Einsicht gleichen Wesens, aber durch sein Geschlecht dem Geschlecht des Mannes unterworfen sein soll.*

Augustin schildert diese *aurea aetas*, dieses *Goldene Zeitalter* der Menschheit, mit impressionistischem Entzücken. Er definiert dabei den Menschen nicht als Partner von Natur und Kreatur, sondern als ihren Herrscher: *Wir sehen die Wohlgestalt der gesammelten Wassermassen auf den Gefilden des Meeres und die trockene Erde, sei es noch Wüste daliegend, sei es bereits geformt, sichtbar und geordnet, die Mutter der Pflanzen und Bäume. Wir sehen die Lichter droben glänzen, die Sonne, die den Tag erfreut, und den Trost der Nacht, Mond und Sterne, alle dazu bestimmt, Anzeige und Zeichen der Zeiten zu sein. Wir sehen die feuchte Natur, die aus fruchtbarem Schoße Fische, Ungetüme und auch Vögel hervorbringt; denn die Dichtigkeit der Luft, die den Vogelflug trägt, entstammt der Ausdünstung der Wasser. Wir sehen das Gefilde der Erde, geschmückt mit Landtieren, und den Menschen, geschaffen nach deinem Bild und Gleichnis, der durch eben dies dein Bild und Gleichnis, nämlich die Macht der Vernunft und des Verstandes, alle unvernünftigen Lebewesen herrschend überragt.*

Der christliche Gott, so Augustin, meint es gut mit dem Menschen. Adam und Eva hätten auf immer des Guten teilhaftig bleiben können. Das war ihre *prima gratia*, ihre Anfangsgnade. Sie machte ein *posse non peccare et posse non mori*, ein *nicht sündigen und nicht sterben können* möglich. Doch sie verfügten über die Freiheit, sich zwischen Gut und Böse zu entscheiden und verloren durch den Sündenfall alles. Die Strafe war fürchterlich: *ignorantia*, *concupiscentia*, *mortalitas*, *Unkenntnis Gottes*, *böse Lust*, *Sterblichkeit*.

Das Schicksal Adams wurde das der ganzen Menschheit. *Alle waren jener eine Mensch*. Und: *In Adam haben alle Menschen gesündigt* – so interpretiert Augustin Paulus nach der lateinischen Übersetzung. Moderne Theologen halten diese augustinische Interpretation für einen folgenschweren exegetischen (bibelauslegenden) Fehler. Auf Grund seiner Bedeutsamkeit möchte ich dazu ausführlich Hans Küng (aus: *Große Christliche Denker*) zitieren:

Der Mensch ist Augustin zufolge von Anfang an durch Adams Fall zutiefst verdorben. „In ihm haben alle gesündigt" (Römer 5,12). „In quo": so findet es Augustin in der damaligen lateinischen Bibelübersetzung und bezog dieses „in ihm" auf Adam. Im griechischen Urtext aber steht schlicht: „eph' ho" = „weil" oder „auf den hin" alle sündigten! So las Augustin aus diesem Satz des Römerbriefes nicht nur eine Ur-Sünde Adams heraus, sondern sogar eine Erb-Sünde, die jeder Mensch von Geburt an von vornherein mitbringe, gleichsam geerbt habe – der Grund dafür, warum jeder Mensch, an Leib und Seele vergiftet, auch dem Tode verfallen sei.

So wird bei Augustin die Sünde Adams zur Erblast und furchtbaren Hypothek jedes Menschen, ja sogar des Neugeborenen. Es ist die Lehre des Augustin, wie er in einem Brief bekennt, dass die ungetauften Kinder das Feuer der Hölle zu spüren bekommen, *wenn auch in weniger schmerzhaften Weise als alle, die persönliche Sünden auf sich geladen haben.* Sein Kontrahent Julian von Eclanum, als Gegner automatisch ein „Ketzer" der katholischen Kirchengeschichte, nennt den furchtbaren Gott des Augustin daher einen *Verfolger der*

Neugeborenen, der winzige Säuglinge in das ewige Feuer wirft.

Bei Augustin wird die ganze Menschheit zur *massa perditionis*, zur *Masse des Verderbens*. Aus diesem theologischen Grund beharren denn auch die Konservativen der katholischen Amtskirche bis heute strikt auf der Kindstaufe und lehnen das Institut der mündigen Erwachsenentaufe ab. In jedem Fall muss dem neugeborenen Kind die Taufe gespendet werden, weil es sonst im Todesfall auf ewig verdammt ist. Die Erbsünde als solche prädestiniert uns zur Verdammnis, selbst wenn wir persönlich nicht gesündigt hätten. Niemand ist von diesem Unheil der erbsündlichen Verdammung ausgenommen – außer Maria.

Welche Überlegungen Gottes stehen hinter seinem Entschluss, einen kleinen Teil der Menschheit zu erlösen, die Vielzahl der Menschen aber zu verdammen? Augustin gibt, unter anderem, eine fast mathematisch anmutende Antwort: Gott will mit der Quote der vorherbestimmten Erwählten jene Lücke stopfen, die Rebellion und Verstoßung von Satan und seiner schwarzen Engel in das göttliche Personalbudget gerissen haben.

Die Welt des augustinischen Sündenfalls kann mit dem Bild einer Vase verglichen werden, die einen Riss bekommen hat. Sie wird nie wieder heil werden. Damit verschärft sich auch das biblische Bild der Hölle. Sie wird zum ultimativen Drohmittel der Amtskirche und zur trüben Quelle *ekklesiogener* (kirchenverursachter) *Neurosen*. Viele haben dieses Kreuz mit der Kirche ja noch am eigenen Leib erlebt – im Sechsten (Sexualitäts-)Gebot, einer entwürdigenden Beichtstuhlpraxis und der Drohung der ewigen Höllenstrafe.

Natürlich findet Augustin den apokalyptischen Tonfall der Hölle bereits bei den Aposteln vor. Bei Matthäus (10,28) heißt es: *Und fürchtet euch nicht vor denen, die den Leib töten, doch die Seele nicht töten können; fürchtet euch aber vielmehr vor dem, der Leib und Seele verderben kann in der Hölle.* Lukas (12,5) sagt es noch grausamer: *Ich will euch aber zeigen, vor wem ihr euch fürchten sollt: Fürchtet euch vor dem, der, nachdem er getötet hat, auch Macht hat, in die Hölle zu werfen. Ja, ich sage euch, vor dem fürchtet euch.*

Gott selbst also soll dieses Super-KZ eingerichtet haben, aus dem bis in alle Ewigkeiten kein Entkommen ist. Augustin hat mit der beständigen Beschwörung der Höllenstrafen, auch für Ungeborene und „Ungläubige“, das heißt Juden und „Heiden“, eine neurotische Spur über mehr als eineinhalb Jahrtausende hinterlassen. Wer kennt nicht die schauerlichen Höllenbeschreibungen vom *Pfuhl, der mit Feuer und Schwefel brennt* und dem *Ewigen Feuer*, in dem wir gebraten und gesotten werden sollen? Bis in die Malerei des „Höllen-Breughels“ und die phantastischen Schrecken eines Hieronymus Bosch haben sich diese Albträume materialisiert.

Dabei stellte die ursprüngliche Hölle keine Strafe dar. Die Griechen stellten sich den *Hades*, die Römer den *Orkus*, die Juden die *Scheol*, die Germanen die *Hel* als Aufenthaltsort ihrer Toten vor. Es war eine *Unterwelt*, der Ort, an dem alle Verstorbenen eine Art Schattendasein führten. Keineswegs meinten sie damit einen Ort der Qual für die Verstorbenen.

Die Dogmatiker der augustinischen Kirche haben im Folgenden die Hölle genau kartographiert. Im Jahr 553 drohte das Konzil von Konstantinopel jedem Katholiken Verdammung und Exkommunikation an, wenn er leugne, dass die Höllenstrafen ewig seien und nicht etwa nur zeitlich begrenzt. Exakt tausendvierhundert Jahre später, 1953, drohte die norwegische evangelisch-lutherische Kirche ihrem Bischof Schjelderup die Absetzung an, weil dieser sich weigerte, die Hölle als *einen Ort der ewigen physischen Qual* zu lehren, und weil er die ihm anvertrauten Pastoren abhielt, von der Kanzel mit Höllenstrafen zu drohen. Sie konnten sich dabei auf das *Augsburgische Bekenntnis* (Artikel XVII) ihrer Kirche berufen, in der die Drohung amtlich festgehalten wird, Jesus werde *am jüngsten Tage … die gottlosen Menschen … in die Hölle und zur ewigen Strafe verdammen*. Noch heute ist die augustinische Hölle nicht nur ein geistlicher Prügelstock fundamentalistischer und evangelikaler Christen, sondern auch ein fester Bestandteil des *Katechismus der katholischen Kirche*.

Die Theologie der Erbsünde und Vorherbestimmung hat das theologische wie das philosophische Denken in ein unlösbares Dilemma geführt. Wenn Gott allein es ist, der „gefallene" Menschen zu erlösen vermag und nicht etwa ein verantwortungsvoller Lebenswandel und gute Werke, was bleibt dann für den

Menschen zu hoffen? Wo bleibt seine Freiheit? Augustin antwortet: Die Gnade wird nicht erworben. Die Gnade wird geschenkt. Sie ist Gottes Geschenk allein. Nur die Erwählten kommen in den Vorzug dieser Gnade. Nur den Erwählten kommen die Erlösung durch den Kreuzigungstod und die sakramentalen Gnadenmittel der Kirche zugute.

An den Nichterwählten, so Augustin, wirkt sich die Gerechtigkeit Gottes zu ihrer Verdammnis aus. Es gibt also nicht nur eine Prädestination zum Heil, sondern, wie Augustin in seiner Schrift *Enchiridion* ausführt, auch eine Bestimmung zum Verderben. Wenn eine nur kleine Anzahl von Menschen zur Seligkeit prädestiniert ist, die Mehrheit der Menschen aber zur großen *Masse der Verdammnis* zählen wird, wie verträgt sich das mit dem Evangelium von der Liebe Gottes? Ist es nicht eine erschreckende Lehre? Der Genfer Theologe Johann Calvin (1509–1564) hat diese Lehre von der doppelten Prädestination dann mit ungeheurem geistigen Terrorismus zugespitzt („Calvinismus").

Es ist schwer, in diesen Auffassungen noch die Botschaft des Mannes von Nazareth und den allgemeinen Heilswillen Gottes, von dem die Theologie spricht, zu entdecken. Mit seiner Lehre von den Erwählten und Verdammten hat Augustin den Menschen quälende Gewissensängste um ihr Seelenheil beschert. Martin Luther, der die Gnaden- und Prädestinationslehre übernimmt, gesteht in einem seiner Tischgespräche 1540: *Ich bin mit den Gedanken von der Vorsehung wohl geplagt und gemartert worden, nämlich was und wie es doch Gott mit mir machen wollte*. Der frühere Augustinermönch spürt wohl, welche Beunruhigung diese Vorsehungstheologie bei den Menschen auslöst, und wie sie von der Kirche in Rom dazu missbraucht wird, den Gläubigen Befreiung von der Hölle durch Geldablässe zu versprechen. Luther fühlt, dass das theologische Konstrukt der Prädestinationslehre einen gläubigen Menschen schier verrückt machen kann.

Luther rät (in einem Tischgespräch, 1532) fürsorglich ab, sich über die Prädestinationslehre den Kopf zu zerbrechen: *Wie ein unauslöschlich Feuer ist es ..., wenn ein Mensch anfängt zu disputieren von der Vorsehung! Denn je mehr er disputiert, je tiefer er hineinkommt und dass er endlich verzweifeln muss. Unser Herr Gott ist der*

Disputation so feind, dawidergesetzt hat die Taufe, sein Wort, das Sakrament des Altars, seines lieben Sohns wahren natürlichen Leib und Blut, als gewisse Zeichen und Pfande; auf denselbigen sollten wir fest stehen, trotzen und pochen, und sagen: Ich bin getauft, ich glaube an Jesum Christum, ich habe das Sakrament empfangen. Was liegt mir daran, ob ich vorgesehen bin oder nicht?

Wie das letzte Notat Martin Luthers enthüllt, etabliert sich in der religiösen Triade *Erbsünde – fragliche Erlösung – Sakramente* die christliche Kirche selbst als allein heilbringende Instanz. Luther, in einer weiteren, nicht datierten Tischrede: *Daraus folgt gewisslich, dass Alle, so durch ein anderes Mittel denn durch Christum sich unterstehen und bemühen zu Gott zu kommen (als Juden, Heiden, Türken, Papisten, falsche Heiligen, Ketzer) in greulicher Finsternis und Irrtum wandeln. Und hilft sie nicht, dass sie ein ehrbar, Strengleben äußerlich führen, große Andacht fürgeben, viel tun und leiden, Gott lieben und ehren, wie sie rühmen. Denn weil sie Christus nicht wollen hören, noch an ihn glauben, ohne welchen niemand Gott kennt, niemand Vergebung der Sünden und Gnade erlangt, niemand zum Vater kommt, so bleiben sie für und für im Zweifel und*

Unglauben, wissen nicht, wie sie mit Gott daran sind, und müssen endlich in ihren Sünden sterben und verderben.

Das Wort des Kirchenvaters Cyprian *extra ecclesiam nulla salus – außerhalb der Kirche gibt es kein Heil* – ist die Folge. Alles, was sich an anderer oder freier Religiosität ereignet, ist nach dieser Definition unwahr, blasphemisch, ketzerisch. Der Philosoph Augustin mutiert mit seiner Prädestinations- und Gnadenlehre zum Funktionär seiner Kirche und ihres machtgeschützten Eigenauftrags. Goethe analysierte diesen ideologischen Komplex in einem Gespräch mit Eckermann 1832 so: *Dadurch dass der christlichen Kirche der Glaube beiwohnt, dass sie, als Nachfolgerin Christi, von der Last menschlicher Sünde befreien könne, ist sie eine sehr große Macht. Und sich in dieser Macht und diesem Ansehen zu erhalten und so das kirchliche Gebäude zu sichern, ist der christlichen Priesterschaft vorzügliches Augenmerk.*

Wie sehr Augustin und seine Kirche mit dieser Angstmacherei die Seelen der frommen Schäflein geschädigt haben, können wir noch aus dem *Tagebuch eines Landpfarrers* von Georges Bernanos (1888–1948) entnehmen. Dort notiert der junge idealistische Priester seine abgründig depressive Sicht folgendermaßen: *Keine Überlegung der Welt könnte die wahre Traurigkeit – die der Seele – hervorrufen oder besiegen, sobald sie einmal, Gott weiß, durch welche Bresche unseres Wesens, in uns eingedrungen ist. Was soll ich sagen? Sie ist nicht eingedrungen, sie war in uns. Ich glaube immer mehr: Das, was wir Traurigkeit, Angst und Verzweiflung nennen, wie um uns einzureden, es handele sich um gewisse Seelenregungen, ist eben die Seele selbst. Denn nach dem Sündenfall ist die Lage des Menschen derart, dass er, in sich wie außerhalb von sich, alles nur in Gestalt von Angst wahrzunehmen vermag … Wäre nicht Gottes wachsames Erbarmen, würde der Mensch, wie mir scheint, beim ersten Bewusstwerden seines Selbst, in Staub zerfallen.*

Wo die religiöse Frohbotschaft durch die *Drohbotschaft* ersetzt wird, da steht es nicht gut um den Menschen. Diesen Phänotyp des in seiner Seele vergewaltigten, in „Gottesfurcht“ erzogenen Kirchgängers meinte wohl der Aufklärer Denis Diderot (1713–1784), als er in seinen *Gedanken über Philosophie* kritisch notierte: *Nehmt einem Christen die Furcht vor der Hölle und ihr nehmt ihm seinen Glauben.*

Teufel Sexualität

Das Christentum gab dem Eros Gift zu trinken: er starb zwar nicht daran, aber entartete zum Laster.

Friedrich Nietzsche,
Jenseits von Gut und Böse

Dass die Erfindung der Erbsünde die Menschen in die Unsicherheit, Verzweiflung und angstvolle Lähmung zu treiben vermag, liegt auf der Hand.

Aber es kommt noch schlimmer. Denn Augustin lässt in seiner Theorie die Erbsünde wie eine Art Infektion durch die zeugenden Eltern im *Geschlechtsakt* auf das Kind übertragen. Das Kind wird von der Erbsünde *befleckt geboren*. Deshalb würde es dem ewigen Tod verfallen, wenn das Sakrament der Taufe nicht das Schlimmste zu verhindern wüsste.

Theoriebildung hat sehr oft etwas mit dem Unbewussten des Theorieschöpfers zu tun. Man spürt hier förmlich, wie Augustins manichäisch-asketische Natur, sein Getriebensein

DER GESCHLECHTSAKT DARF AUSSCHLIESSLICH IN DER EHE STATTFINDEN; AUSSERHALB DER EHE IST ER STETS EINE SCHWERE SÜNDE

KATECHISMUS DER KATHOLISCHEN KIRCHE (1993) ZIFFER 2370

durch die Sexualität wie sein erbitterter Widerstand dagegen, sich zu einer Theologie der *Unterdrückung der Sexualität* verdichten. Das Geschlechtliche ist zum Schlechten an sich geworden. Es entzieht dem Menschen die Leitung der Vernunft, bindet ihn an die Lust der Diesseitigkeit und rückt ihn in die Nähe des – von Augustin so niedrig eingeschätzten – Tieres. Augustin kann sich, wie er berichtet, nicht einmal eine unfreiwillige Erektion seines Penis verzeihen. So brennt er der Geschlechtsliebe das unauslöschliche Schandmal der Gottesvergessenheit auf.

Über das ganze vierzehnte Buch seines insgesamt zweiundzwanzig Bücher umfassenden Großwerkes *Vom Gottesstaat* (*De civitate dei*) befasst er sich ausschließlich mit dem Sündenfall und dem *Aufruhr des Fleisches*. Als Leser des oft so brillanten und geistvollen Denkers traut man den Augen nicht, wenn man die infantilen Ausführungen und Spitzfindigkeiten entdeckt, die aus der Feder eines Sexualneurotikers zu fließen scheinen.

Augustin entwirft hier das wirklichkeitsferne und psychologisch verblüffend stumpfe Bild eines Paradieses ohne jegliche Leidenschaften.

Als ob die Liebe nicht selbst den schmerzlichsten, süßesten und dabei notwendigsten Affekt im Leben der Menschen darstellte! Augustin über Adam und Eva: *So glücklich wie sie damals waren, als noch keine Leidenschaften ihre Seele verwirrten, keine Gebrechen ihren Leib heimsuchten, ebenso glücklich wäre das ganze Menschengeschlecht gewesen, hätten sie nicht das Böse begangen, das sie dann auf ihre Nachkommen übertrugen.* Erst als sie vom Baum der Erkenntnis gegessen und Gott damit den Gehorsam aufgekündigt hatten, hätte Scham, Lust und Gier sie in ihre Fesseln gezwungen: *Sie wurden also gewahr, dass sie nackt waren, denn nun waren sie entblößt von jener Gnade, die bewirkt hatte, dass die Nacktheit des Körpers sie nicht zu beschämen brauchte, da noch kein Gesetz der Sünde ihrem Geist widerstrebte … Beschämt also durch die Widerspenstigkeit ihres Fleisches, gleichsam das strafende Zeugnis ihrer eigenen Widerspenstigkeit, flochten sie Feigenblätter zusammen und machten sich Schürzen zur Umgürtung ihrer Geschlechtsteile.* Nun machten sie, wie wir Menschen von heute, die Erfahrung, dass die Sexualität den ganzen Menschen in Wallung bringt, *worauf jene Wollust folgt, mit der keine andere körperliche*

Lust zu vergleichen ist, die, auf ihrem Höhepunkte angelangt, fast alles Denken und Wachbewusstsein auslöscht.

Wer aber, so argumentiert Augustin allen ernstes, *möchte nicht lieber, wenn es möglich wäre, ohne Wollust Kinder erzeugen, so dass auch bei diesem Akte die hierzu erschaffenen Glieder, ebenso wie die übrigen Glieder bei den verschiedenen Verrichtungen, für die sie bestimmt sind, dem Geiste dienstbar wären und auf Willensgeheiß hin in Tätigkeiten treten, aber nicht durch die Glut der Wollust angereizt würden.*

Was meint Augustin damit? Er meint das, was der Vatikan bis heute das nur dem Ehepaar eingeräumte Recht (und die Pflicht) nennt, nämlich Sexualität zum alleinigen Zweck der Zeugung und mit möglichst wenig „Aufruhr des Fleisches" zu praktizieren. Augustin: *Es würde also der Mann Nachkommenschaft erzeugen und das Weib sie empfangen und sich dazu der Zeugungsglieder bedient haben, die, wann und soweit nötig, durch den Willen bewegt, nicht durch Lust erregt worden wären.*

Wie das? Auch wenn ich ein Mann von hoher augustinischer Gesinnung bin, so kann ich doch meinem Glied nicht wie einen Dienstauftrag die Erektion befehlen. Nicht ohne Grund gibt man Männern, die zur künstlichen Befruchtung ihrer Frau Samen spenden, ein Pornoheftchen als erotisches Stimulanz mit in die Kabine. Augustin meint, es wäre doch denkbar, die Erektion ganz ohne Gefühl zu bewerkstelligen: *Besitzt doch auch, wie wir wissen, die Natur mancher Menschen von der Regel weit abweichende Eigenschaften, die wir wegen ihrer Seltsamkeit anstaunen. Denn sie können mit ihren Gliedern allerlei verrichten, was anderen ganz unmöglich ist, so dass sie es kaum glauben, wenn man es ihnen erzählt. So können einige ihre Ohren bewegen, entweder nur eines oder beide zugleich. Andere gibt es, die die ganze Kopfhaut, so weit die Haare reichen, bis zur Stirne vorschieben und wieder zurückziehen, so oft sie wollen, ohne den Kopf zu bewegen.* Nicht genug damit, es gibt auch solche, die mit ihren Blähungen wie wahre Virtuosen spielen, *die nach unten hin ohne üblen Geruch, wie es ihnen beliebt, so zahlreiche Töne hervorbringen, dass man meint, sie könnten auch mit diesem Körperteile singen.*

Ohrenwackeln und singende Fürze als theologische Beweismittel – starker Tobak! Augustin zieht das Fazit: *Wenn also auch jetzt noch manchen Leuten, obschon sie in sterblichem Fleisch dies mühselige Leben führen, der Leib in allerlei Bewegungen und Regungen, dem gewohnten Lauf der Natur zuwider, wunderbar zu Diensten steht, warum sollten wir dann nicht glauben, dass vor der Sünde des Ungehorsams und der deswegen verhängten Strafe die menschlichen Glieder ohne Wollustgefühl dem menschlichen Willen hätten dienstbar sein können?* Mit anderen Worten: *Kann man auch keinen Erfahrungsbeweis dafür liefern, so muss man es doch glauben: Auch ohne dass jene Körperteile von unruhiger Glut erregt worden wären, auch dann … würde der männliche Same ebenso unbeschadet der leiblichen Unversehrtheit sich in den Schoß der Gattin ergossen haben, wie noch jetzt aus dem Schoß der unversehrten Jungfrau der monatliche Blutfluss sich ergießt.*

Wenn durch die Geschlechtslust die Erbsünde übertragen wird, so beschmutzt dies das Bild der Sexualität böse. So stellt der katholische Moraltheologe Josef Georg Ziegler (zitiert nach Küng, *Große christliche Denker*) fest: *Die verheerende Wirkung der augustinischen Verbindung von Erbsünde und Geschlechtslust bestand darin, dass sie eine unbefangene Betrachtung des*

Ehevollzuges und damit der Ehe überhaupt durch Jahrhunderte unmöglich machte.

Das sind keine theologischen Absonderlichkeiten von gestern. Den Begriff *Unzucht*, den Augustin 393 gebraucht, transportiert die römisch-katholische Kirche wörtlich in das Jahr 1993. Da erscheint der – für weltweit etwa eine Milliarde Katholiken verbindliche – *Katechismus der katholischen Kirche.* In ihm heißt es allen Ernstes: *Unzucht ist die körperliche Vereinigung zwischen einem Mann und einer Frau, die nicht miteinander verheiratet sind.* (Ziffer 2353). Zur Selbstbefriedigung, der *absichtlichen Erregung der Geschlechtsorgane*, befinden die kurialen Dogmatiker gut augustinisch: *Tatsache ist, dass sowohl das kirchliche Lehramt als auch das sittliche Empfinden der Gläubigen niemals gezögert haben, die Masturbation als eine in sich schwere ordnungswidrige Handlung zu brandmarken* (Ziffer 2352).

Über vor-, außer- oder nacheheliche Sexualität lautet das Verdikt: *Der Geschlechtsakt darf ausschließlich in der Ehe stattfinden; außerhalb der Ehe ist er stets eine schwere Sünde* (Ziffer 2390). Zur Empfängnisverhütung: *Hingegen ist jede Handlung verwerflich, die entweder in*

Voraussicht oder während des Vollzugs des ehelichen Aktes oder im Anschluss an ihn darauf abstellt, die Fortpflanzung zu verhindern (Ziffer 2370). Selbst nach Vergewaltigungen untersagt die Kirche Petri den Schwangerschaftsabbruch. Was über Abtreibung im Katechismus steht, hält Eugen Drewermann für *eine Beleidigung all der Frauen, die in einer hoffnungslosen und tragischen Situation keinen anderen Ausweg mehr wissen als einen Schwangerschaftsabbruch.*

Schwule oder lesbische Beziehungen sind nach Auffassung des Katechismus naturwidrig: *Gestützt auf die Heilige Schrift, die sie als schlimme Abirrung bezeichnet, hat die kirchliche Überlieferung stets erklärt, dass die homosexuellen Handlungen in sich nicht in Ordnung sind, sie sind in keinem Fall zu billigen* (Ziffer 2357). Und: Homosexuelle Menschen sind zur Keuschheit aufgerufen. *Durch die Tugenden der Selbstbeherrschung ... können sie sich ... durch das Gebet ... der christlichen Vollkommenheit annähern* (Ziffer 2359).

Noch immer gibt es im katholischen Weltkatechismus den Teufel und die Engel, das Böse und die Bösen, das Fegefeuer für die Auserwählten und das ewige Feuer für die Verdammten. Es gibt eine Sintflut, ein Sündenregister und den Sündenfall Adams und Evas.

Schon ein einziges falsches Betthupferl kann in die Hölle führen. Denn einer Todsünde wird schuldig und der *ewigen Seligkeit* geht verlustig, wer irgend etwas tut, *was in schwer wiegender Weise sittlich ungeordnet ist* – siehe *Unzucht* (Ziffer 2353). Noch immer sind die Signale für die Höllenfahrt gestellt (Ziffer 1035): *Die Seelen derer, die im Stand der Todsünde sterben, kommen sogleich nach dem Tod in die Unterwelt, wo sie die Qualen der Hölle erleiden.* Ein fummelndes Pärchen sollte sich also nicht beim Petting erwischen lassen. Drewermann warnt sarkastisch: *Zwei Jugendliche auf der Parkbank kommen also, sollte ein Blitz sie erschlagen, unmittelbar in die Hölle.*

Nicht weniger verhängnisvoll sind diese Folgen augustinischer Sexualmoral für die Funktionäre der Kirche selbst. Über einhunderttausend Priester haben weltweit in den vergangenen dreißig Jahren vor allem wegen des Zwangs zur Enthaltsamkeit der Kirche den Rücken gekehrt. Sie haben es meist schweigend und erbittert getan. Spektakulär waren die Rücktritte eines irischen und eines Schweizer Bischofs, nachdem ihre Vaterschaft öffentlich wurde. Es gibt Schätzungen, nach denen rund neuntausend der insgesamt fast siebzehntausend deutschen katholischen Geistlichen sexuelle Beziehungen mit Frauen oder Männern unterhalten und dass jeder Dritte davon ein „illegitimes“ Kind gezeugt hat. Der Skandal um „Gottes heimliche Kinder“ ist ebenso tabuisiert wie schmerzhaft für alle Betroffenen, vor allem für die heimlichen Priesterfrauen und die Priesterkinder.

Eugen Drewermann brandmarkt diese Schuld der Kirche in einem Interview im Dezember 2002 mit den Worten: *Eine größere Anhäufung an Leid von Kindern, Müttern und Vätern lässt sich schwer denken. Dieselbe Institution, die die Liebe über alle Maßen als von Gott gegeben preist, erlaubt sich mit ihren Zwangsmaßnahmen jeden Würgegriff, um die Liebe zu strangulieren, wenn sie in den eigenen Reihen vorkommt.* Befragt, ob es beim Zölibat um die Macht der Kirche geht, bejaht Drewermann. Er fügt hinzu: *Und um Geld. Sie haben im Protestantismus zum Beispiel auch deshalb einen ständigen Kapitalnotstand, weil die Pfarrer mit ihren*

Familien versorgt werden müssen. Der Zölibat erlaubt der katholischen Kirche Gehältereinsparungen, die immens sind. Und in aller Regel hält sich die Kirche am Erbe der unverheirateten Priester noch einmal schadlos.

Augustin hat mit der Denunziation der Sexualität als Sünde nicht nur die Menschen, sondern seine eigene Kirche in eine bald zweitausendjährige Krise hineingesteuert. In Polen musste 2002 der Erzbischof Julius Paetz zurücktreten, weil er Theologiestudenten und Geistliche seines Bistums sexuell missbraucht haben soll. In Österreich wurde der ranghöchste Kleriker, Kardinal Groer, zum Rücktritt gezwungen, weil ihm päderastische Verfehlungen an früheren Internatszöglingen vorgeworfen wurden. In den USA sah sich Bernard Law, der Erzbischof von Boston, von den Medien, aber vor allem von achtundfünfzig demonstrierenden Priestern seiner eigenen Diözese, zum Amtsverzicht genötigt, weil er jahrelang die sexuelle Ausbeutung von Kindern durch katholische Priester gedeckt hatte. Law hatte sich einen Namen als fanatischer Gegner von Abtreibung, Homosexualität und Frauenaktivitäten in der Kirche gemacht.

Einer Studie der Universität St. Louis zufolge, die 1164 Schwestern aus 125 Ordensgemeinschaften befragte, sind in den USA vier von zehn Nonnen schon einmal sexuell missbraucht worden – oft von einem Priester oder einer anderen Nonne (dpa, Januar 2003).

Missbrauch und Vertuschung haben die katholische Kirche in Amerika in die größte Krise seit ihrem Bestehen gebracht. Schätzungen zufolge kommen auf die nordamerikanischen Bistümer Schadenersatzzahlungen an die Opfer von Klerikern in Höhe von etwa einer Milliarde Dollar zu. Selbst die kirchenfromme Frankfurter Allgemeine Zeitung schrieb dazu (23.03. 2002): *Fast scheint es, als verberge sich hinter den Kirchentüren ein Stauraum unterdrückter Gefühle, als herrsche hinter den Klostermauern ein spezifisches Klima der sexuellen Verklemmung, in der sich Gewalt, Lust und Lüge auf ebenso tragische wie bizarre Weise mit der routinierten Geheimniskrämerei einer zweitausend Jahre alten Bürokratie verbinden.* Inzwischen schlägt sich auch die katholische Kirche in Deutschland mit den jahrelang vertuschten Skandalen herum und muss eigene kirchliche Beauftragte für Missbrauchsfälle einsetzen.

In Spanien hat Anfang des Jahres 2002 der Fall des José Mantero das ganze Land aufgewühlt. Der Vikar der Gemeinde Valverde del Camino in der andalusischen Provinz Hoelva outete sich nämlich: Homosexuell sei er und er lebe auch so. Die spanische Kirche reagierte doppelzüngig. Man dulde ja inzwischen die Homosexualität eines Geistlichen, aber das öffentliche Eingestehen sexueller Beziehungen könne nicht akzeptiert werden. Der Bischof von Hoelva suspendierte den Vikar José Mantero vom Amt. Darauf erhielt der Priester überraschend Schützenhilfe von einem homosexuellen Politiker der konservativen Volkspartei namens Biedicho. Dieser offenbarte, er habe Beziehungen mit drei Klerikern gehabt, die heute als Bischöfe amtieren. Biedicho wörtlich: *In der spanischen Bischofskonferenz sitzen mindestens drei Prälaten, die genauso homosexuell sind wie ich.*

Man könnte unzählige unappetitliche Geschichten kirchlicher Doppelmoral auflisten. Es geht jedoch nicht um Sensationshascherei, sondern um das tiefe Elend, das sich hinter der kirchlichen Sexuallehre verbirgt. In der Analyse der geistigen Ursachen des sexuellen Dilemmas der katholischen Kirche kommt man immer wieder auf Augustin zurück. Nie hörte er auf, von einer Welt zu träumen, in der es keine Sexualität mehr gäbe. Auf den Einwand, dass dann das Geschlecht der Menschen doch aussterben müsste, antwortete Augustin einmal mit dem verzweifelten Aufschrei: *Oh, wenn dies doch alle wollten!*

Aber ist die Liebe ohne den Leib denkbar? Kann eine Frau lieben, der als Ideal Jungfräulichkeit vor Augen geführt, in der Praxis aber Mutterschaft abverlangt wird? Wenn Maria im Verständnis des Augustin die *unbefleckte Jungfrau* darstellt, sind dann all die anderen Milliarden Frauen vor und nach ihr „befleckte", das heißt moralisch defekte Frauen? In seinem Interviewband *Wozu Religion?* betrachtet Eugen Drewermann diesen unlösbaren Anspruch: *In meinen Augen hat Sigmund Freud Recht, wenn er den Katholizismus in drei Elementen beschrieb: Er ist eine strenge Vaterautorität, ein unangetasteter Patriarchalismus mit Absolutheitsanspruch. Daneben ist er als Triebrepression zu beschreiben, sichtbar etwa in den Ambivalenzen der zentralen katholischen Beamtenschaft, in der Zölibatsforderung. Das katholische Dauerthema ist die*

Sexualmoral, ganz unbezweifelbar und nicht lösbar. Als dritten Aspekt beschrieb Freud die Ambivalenz des Frauenbildes in Gestalt der Madonna und der Eva: Die Frau als ewige Verführerin und gleichzeitig als ewige Retterin. Das Problem ist für jede konkrete Frau darin gegeben: Sie soll gleichzeitig ein Widerspruchsideal erfüllen – das der Jungfrau und das der Mutter.

Es ist ein schmerzhafter Widerspruch in Augustin, der sich in seinen *Bekenntnissen* Seite um Seite offenbart: einerseits die sinnliche Freude an dieser Welt, der Genuss von Landschaft, Essen, Disputieren und Lachen im klösterlichen Konvent, der Freude an seiner schönen nordafrikanischen Heimat, dem rhetorischen Genuss an seiner geschulten Latinität. Andererseits die rückwirkende Verdammung seiner leiblich-sinnlichen Liebesfreude: *In jenen Jahren lebte ich mit einem Weibe zusammen, dem ich nicht in so genannter gesetzmäßiger Ehe verbunden war, sondern das schweifende, törichte Liebesglut mir aufgespürt hatte.* Und: *Ich schleppte, der Krankheit fleischlicher Lust und ihrer todbringenden Wonne verfallen, meine Kette, voll Angst, sie könne mir abgenommen werden …*

Nietzsche hat diesen Kampf gegen die Natur, den Widerstand des hochgespannten Geistes gegenüber den Wonnen der Gewöhnlichkeit, im *Zarathustra* als eine Form seelischer Krankheit zurückgewiesen. Er spricht dort von den *Predigern des Todes:* [...] *Da sind die Schwindsüchtigen der Seele: Kaum sind sie geboren, so fangen sie schon an zu sterben und sehnen sich nach lehrender Müdigkeit und Entsagung. Sie wollen gerne tot sein, und wir sollten ihren Willen gutheißen! Hüten wir uns, diese Toten zu erwecken ... Ihnen begegnet ein Kranker oder ein Greis oder ein Leichnam; und gleich sagen sie: „Das Leben ist widerlegt!" ... Eingehüllt in dicke Schwermut und begierig auf die kleinen Zufälle, welche den Tod bringen: So warten sie und beißen die Zähne aufeinander.*

Dem antiken Lebensgefühl menschlicher Freiheit setzt Augustin eine radikal pessimistische Botschaft gegenüber: Die Kunde von des Menschen Abhängigkeit und Erlösungsbedürftigkeit. So geißelt er all jene Menschen, die meinen, sie verfügten ohne Gottes Hilfe über die Kraft des freien Willens: *Wo ist der Mensch, der es wagte, wenn er seine Schwäche bedenkt, seine Keuschheit und Unschuld der eigenen Kraft zuzuschreiben?* Alt geworden gibt Augustin seine eigene Lebensreflexion als Quintessenz der Menschheitserfahrung aus. In den *Bekenntnissen* meint er sich, wenn er schreibt: *Die Lust des Sklaven* war es, *im Treiben des Verbotenen mir Freiheit, eine verkrüppelte Freiheit, vorzuspielen.*

Augustin verwirft die moralische Autonomie des Menschen speziell: *Das geschlechtliche Begehren der unbotmäßigen Glieder erhob sich in den ersten Menschen erst in Folge der Sünde der Unbotmäßigkeit.* Augustin ist empört über das *unbotmäßige Fleisch.* Was ihn am meisten bedrückt, ist die Art, wie das *Fleisch* der Willensherrschaft trotzt und, selbst im Schlaf, sich gleichsam von selbst erregt: *Eben deshalb nennt man diese Glieder mit Recht Schamglieder, weil sie, unbotmäßig gegen den Geist, ihren Herrn, sich nach eigenem Gutdünken erregen, als ob sie ihre eigenen Herrn wären.*

Es ist der religiöse Dichter Rainer Maria Rilke (1875–1926), der alles Geschlechtliche durch einen *Kirchenirrtum verdächtigt* sieht. Es lohnt sich, in seinen *ausgewählten Werken* (Band II, S. 316ff., Wiesbaden 1948) zu studieren. Da findet Rilke, der als Lyriker das *Urding Gott* zu finden suchte, herbe Worte der

Enttäuschung für die Degradierung des Sexus zum Laster: *Hier ist alles Entstellung und Verdrängung, obwohl wir doch aus diesem tiefsten Ereignis hervorgehen und selber wieder in ihm die Mitte unserer Entzückungen besitzen. Es ist mir, wenn ich es sagen darf, immer unbegreiflicher, wie eine Lehre, die uns d o r t ins Unrecht setzt, wo die ganze Kreatur ihr seligstes Recht genießt, in solcher Beständigkeit in sich, wenn auch nirgends bewähren, so doch weiterhin behaupten darf.*

Die Amtskirche trägt für Rilke Schuld daran, dass wir nur *wie Einbrecher und Diebe in unser eigenes schönes Geschlecht* geraten sind, *indem wir irren und uns stoßen und straucheln, um schließlich wie Ertappte wieder hinauszustürzen in das Zwielicht der Christlichkeit … Warum hat man uns das Geschlecht heimatlos gemacht, statt das Fest unserer Zuständigkeit dorthin zu verlegen?*

Gegen die Donatisten

Scheiterhaufen erleuchten nicht die Finsternis.

Stanislav Jerzy Lec,
Unfrisierte Gedanken

Um den Wesenskern des Kampfes Augustins gegen die Donatisten, die Pelagianer und die „Heiden" zu verstehen, muss man sich den weltgeschichtlichen Umbruch im 4. Jahrhundert vor Augen führen: Die Erhöhung des Christentums zur Staatsreligion durch das Imperium Romanum.

Die Verfolgungen der Christen waren gescheitert. Das muss noch der Kaiser Diokletian zum Beginn des 4. Jahrhunderts erfahren – es gelingt ihm nicht, das Christentum zu überwinden. Das römische Reich mit seiner Staatsspitze in Byzanz wird in seinem Inneren von zentrifugalen Kräften verschiedenster Ethnien bedroht. Er muss sich überdies immer stärker

KETZER!
INQUISITOR!

der Invasion der anstürmenden Fremdvölker erwehren.

Kaiser Konstantin (286–337) und seine Nachfolger betreiben daher gegenüber dem erstarkten Christentum loyaler Staatsbürger eine, so könnte man sagen, Politik des *aggiornamento*, der Anpassung an die Realitäten. Vor allem Konstantin benutzt das Christentum als politisches Instrument gegen seine Widersacher und als eine ideologisch zusammenhaltende Kraft. Er ist ein kühler Machtpolitiker, der sich erst auf dem Sterbebett taufen lässt. 313 verordnet er in einer Konstitution für das ganze Reich uneingeschränkte Religionsfreiheit. 315 lässt Konstantin die von den Christen gefürchtete Kreuzigungsstrafe abschaffen. 321 führt er den Sonntag als gesetzlichen Feiertag ein. Er ermächtigt die Kirche, Erbschaften von ihren Gläubigen anzunehmen. Er ist an der Lösung von Kirchenfragen aktiv interessiert.

325 beruft er das Erste Ökumenische Konzil in seiner Residenz zu Nikaia in der Nähe von Byzanz ein. Das Christentum blüht nun auf wie eine trockene Wiese nach einem warmen Sommerregen. Es durchdringt das Den-

ken der Menschen und Institutionen, der Politik und der Kultur. Dabei werden jedoch, wie Hans Küng *(Kleine Geschichte der Katholischen Kirche)* hervorhebt, *die anderen Religionen vielfach gewaltsam ausgerottet und viele Kunstwerke zerstört.*

Das Christentum, das in einem einzigen Jahrhundert zur Staatsreligion des römischen Universalreiches wird, setzt sich mit praktischer Hilfe und imperialer Gewalt durch. Kaiser Theodosios verbietet am Ende des 4. Jahrhunderts alle heidnischen Kulte und Opferriten. Wer zuwider handelt, den kerkert der Staat wegen *Majestätsbeleidigung (laesio maiestatis)* ein. Damit wird jede andere religiöse Auffassung als die katholische automatisch zur Häresie, zum Staatsverbrechen. Staat und Kirche definieren nunmehr, was als „Ketzerei" anzusehen ist. Dabei meint der Begriff *Häresie* ursprünglich etwas Positives. Er stammt von dem altgriechischen Verb *airéu*. Es bedeutet *wählen, erwählen, vorziehen, Partei nehmen*. Genau das unterliegt jetzt der staatlich-religiösen Zäsur. Küng: *Welch eine Umkehr: Aus der verfolgten Kirche wird in weniger als hundert Jahren eine verfolgende Kirche. Ihre Fein-*

de, die „Häretiker“ ... sind jetzt auch die Feinde des Reiches und werden entsprechend bestraft. Zum ersten Mal töten jetzt Christen andere Christen wegen unterschiedlicher Glaubensauffassungen.

Natürlich zeigt sich der christliche Monotheismus gegenüber der Vielgötterei der Altgläubigen als geistig geschlossenere und packendere Position. Viele Christen besitzen eine hohe Moralität, die sie sogar mit dem Tod bezeugen. Sie bieten Verelendeten karitative Hilfe. Das Christentum kann mit dem Alten und Neuen Testament ein literarisch und mythologisch zwar widerspruchsreiches, aber auch anspruchsvolles Lehrwerk vorweisen. Es gibt, wie immer man das auch im Einzelnen beurteilen mag, Antworten auf die Fragen von Schuld, Sühne, Verzeihen und der *religio*, der Bindung des Menschen, an ein Letzthinniges. Das Christentum kreiert in einer Art *Platonismus für das Volk* (Nietzsche) die Seele als unzerstörbaren Schatz des Menschen. Vor allem aber verspricht der neue Christengott den Erniedrigten und Beleidigten im *Tal der Tränen* persönliche Unsterblichkeit.

Die Idee von der Menschwerdung des Gottessohnes in und für eine heillose Welt vermag viele in ihren Bann zu ziehen. Viele der an mystische Kulte gewöhnten Menschen der Spätantike sind, ob Patrizier, Großgrundbesitzer, Plebejer oder Sklaven, vor der himmelhoch strebenden Kirchenarchitektonik und dem sakramentalen Glanz von Taufe, Abendmahl und Liturgie fasziniert. Das Christentum selbst versteht sich als Krönung, Zusammenfassung und Aufhebung aller früheren Religionen. Nichts wird der Institution Kirche wichtiger, als ihre *Einheit* als einzige wahre und *allein selig machende* Kirche zu behaupten. Es ist, so gesehen, kein Zufall, dass heute noch die konservativen Kräfte der Kurie in Rom unter der ökumenischen Bemühung nicht die Vereinigung der verschiedenen christlichen Kirchen verstehen, sondern die *Rückkehr* der lutherischen schwarzen Schafe in das alte Gatter der katholischen Weide.

Vor diesem Hintergrund gewinnt der zwei Jahrzehnte währende Kampf Augustins gegen die Donatisten eine Stoßrichtung grundsätzlicher Natur, die weit über die durchaus diskussionswürdigen theologischen Differenzen hinausführt. Was liegt hier vor?

Erinnern wir uns: In dem schmalen, aber

fruchtbaren römisch-afrikanischen Küstenstrich residieren zu Augustins Zeit in sechs identischen Staats- und Kirchenprovinzen zwischen fünfhundert und siebenhundert Bischöfe. Primas ist traditionsgemäß der Bischof der Hauptstadt Karthago. Tatsächlich fungiert jedoch Augustin, der packende Kanzelredner und theoretische Kopf, als geistiger Führer. Die Situation, die Augustin antrifft, ist verworren. Die nordafrikanische Kirche ist in Katholiken und Donatisten gespalten.

In Regius Hippo, der Stadt von Augustins Kirchensitz, besteht die Mehrheit der Priester und Gläubigen aus Donatisten. Das *Schisma*, die Spaltung, geht auf die letzte Christenverfolgung von 303 bis 305 zurück. Der Konflikt entzündet sich ursprünglich im Jahre 311 an der Weihe des Diakons Cäcilian zum Bischof von Karthago. Seine glaubenstreuen Kritiker werfen ihm zwei Verstöße gegen die Reinheit des Christentums vor: Cäcilian sei während der Verfolgung unter Kaiser Maximian gegen das Martyrium aufgetreten. Außerdem sei er von einem in Todsünde gefallenen Kleriker – ungültig – geweiht worden. Dieser habe nämlich während der Verfolgung durch die Staatspolizei Bibeln an die Behörden ausgeliefert. Siebzig Bischöfe wählen in einem Aufsehen erregenden öffentlichen Akt einen Gegenbischof. Dieser stirbt jedoch bald, und seine Anhänger bestimmen Donatus zum Nachfolger. Von ihm erhält die Bewegung ihren Namen.

Plötzlich stehen sich in den meisten Orten Nordafrikas zwei Bischöfe und zwei Gemeinden gegenüber.

Theologisch geht es in der donatistischen Krise um die Auseinandersetzung zwischen einer, wie die Donatisten es formulieren, *Religion der Gerechten* und dem *institutionellen* Kirchenverständnis Augustins. Die Donatisten betrachten sich gegenüber der verweltlichten katholischen Massenkirche als die reine Kirche, deren Bischöfe und Priester unbefleckt von Verrat und Todsünde seien. Sie besäßen daher allein das Recht, die Sakramente gültig zu spenden. Augustin und der Papst in Rom vertreten die Meinung, die Sakramente seien gültig, auch wenn sich der Spender im Stande der Todsünde befinde.

Man kann Augustin eine realistische Sicht in dieser Frage zugestehen, wenn er die Sakramente von der geistigen Verfassung des Spenders, also des jeweiligen Priesters, ablöst. Man stelle sich die Konsequenzen gerade angesichts des neuen *Katechismus der katholischen Kirche* von 1993 vor: Ein Priester, der in einer sexuellen Beziehung mit einer Frau oder einem Mann lebt und durch diese Verletzung des Zölibats in „schwerer Sünde" lebt, würde über Jahre hinweg ungültig taufen, ungültig das Abendmahl spenden und Eheleute vor dem Altar ungültig zusammenführen ... Man muss weiter sehen, dass Augustin mit zahlreichen diplomatischen Schritten, persönlichen Aussprachen, Briefen und Religionskonferenzen sich um eine Vermittlung mit den donatistischen Christen bemüht und dass ihm die Einheit des Katholizismus ein Herzensanliegen ist.

Für ihn selbst ist die Situation in Hippo Regius unerträglich. Die große Basilika ist in den Händen der Donatisten. Es gibt, neben vielen anderen Fanatismen, einen donatistischen Bischof, der seinen Bäckern verbietet, Brot für Katholiken zu backen. Weiterhin gibt es natürlich auch im donatistischen Klerus höchst anfechtbare und unwürdige Kirchenfunktionäre. Schließlich muss man berücksichtigen, dass auf beiden Seiten der kirchlichen Frontbildungen kräftig „geholzt" wird.

Die Donatisten lehnen jeden Kompromiss mit der Staatsmacht ab. Im Bund mit den *Circumcellionen*, meuternden armen Landarbeitern, unternehmen radikale Donatisten nächtliche Überfälle, stecken die Häuser und Kirchen der Katholiken in Brand, plündern und massakrieren. Sie werfen die „heiligen" Bücher der Katholiken ins Feuer und schmelzen deren Kirchenkelche ein. Sie stürzen den Bischof Maximian von Bagai, der seinerseits eine Donatistenkirche sich widerrechtlich angeeignet hat, blutüberströmt vom Turm seiner Kirche. Ein Misthaufen, auf den er fällt, rettet sein Leben. Zwischen den Jahren 372 und 397/98 kommt es zu regelrechten Aufständen der Donatisten.

Aber das Stichwort ist schon gefallen – die Bewegungen der Circumcellionen. Hier liegt das eigentliche Problem. Es ist politischer und sozialer Natur. Sowohl die „Bande" der Circumcellionen als auch das Gros der Donatisten rekrutieren sich aus dem Not leidenden berberisch-punischen Landvolk. Das Land gehört nicht ihnen, sondern in der Hauptsache dem

Staat und Großgrundbesitzern. Die Bauern sind verschuldet. Sie können ihre Höfe nicht mehr halten. Als zur Tagelöhnerei verdammte, umherwandernde Erntearbeiter werden sie rasch zu den wirkmächtigsten Propagandisten des Donatismus. Der Regierung gelingt es nur mit Mühe, über Jahrzehnte hinweg, diese sozial-religiöse Bewegung zu unterdrücken. In einigen Gegenden Nordafrikas überleben donatistische Gemeinden bis zur Eroberung durch die Araber im 7. Jahrhundert. Im Kern handelt es sich also nicht nur um eine theologische Kontroverse, sondern um einen schweren Klassenkonflikt, den Aufstand der Armen gegen die Reichen.

Augustin ignoriert den sozialen Charakter dieses Streites. Er vertritt objektiv die Interessen des unterdrückenden, imperialen Staates und der herrschenden Klasse. Augustin kommt sozusagen auf den Geschmack – er bittet, als seine Verhandlungen ergebnislos bleiben und die Donatisten offen rebellieren, den Staat um den Einsatz von Gewalt gegen die „Häretiker". Kaiser Honorius tut ihm diesen Gefallen nur zu gern, indem er im Jahre 405 das *Edikt der Einheit* (!) erlässt: Die Donatisten werden darin zu „Ketzern“ erklärt, ihre Zusammenkünfte verboten und ihre Kirchen den Katholiken übereignet. Die Verfolgung der Donatisten verschärft sich zu Pogromen, es folgen Folter und Todesstrafen. Als der Kaiser die donatistische Kirche verbietet und ihren Anschluss, die „Einheit“ mit der katholischen Staatskirche, mit schärfsten Strafandrohungen erzwingt, jubelt Augustin: *Der Herr hat die Zähne des Löwen zerschmettert.*

Die Obrigkeit hat nach Augustin die Aufgabe, die „falschen“ Religionen zu liquidieren und die „Unwissenden“ in die katholische Kirche hineinzuzwingen. In diesem Sinn radikalisiert Augustin das Wort des Lukas *cogite intrare – nötigt sie, hereinzukommen!*

Für die „Heimholung“ der Donatisten wird Augustin mit zunehmendem Alter jedes Mittel recht. Er, der so wundervolle Dinge über die Liebe gesagt hat *(Das ist die kostbare Perle, die Liebe, ohne die dir nichts nützt, soviel du auch hast)*, befindet gegenüber den Donatisten: *Die Kirche presst sie an ihr Herz und umgibt sie mit mütterlicher Zärtlichkeit, um sie zu heilen.* Tatsächlich billigt er Auspeitschungen, Zwangsarbeit und die Konfiszierung ihrer Vermögen durch den Staat. Viele Donatisten werden von den Schergen des Staates gefoltert. Augustin wertet die Folter vor dem Hintergrund des „ewigen Heils“ grundsätzlich als „leicht“: *Erinnere aller möglichen Martern, vergleiche sie mit der Hölle, und leicht ist alles, was du ausdenkst. Der Folterer und der Gefolterte ist hier vergänglich, dort ewig ... Jene Strafen sollen wir fürchten, wie wir Gott fürchten. Was der Mensch hier leidet, ist eine Kur, wenn er sich bessert.*

Augustin verlässt als Sieger die Schlachtstätte. Er sieht sich auf der richtigen Seite: *Der Donner rollte durch die Wolken, dass das Haus des Herrn auf der ganzen Erde zu bauen ist, und diese Frösche sitzen in ihrem Sumpf und quaken: „Wir sind die einzigen Christen“.*

Tatsächlich fügt er, wie Küng und andere Kirchenkritiker rügen, der katholischen Kirche in Nordafrika einen irreparablen Schaden zu. Durch die Verfolgungen der Donatisten ist die katholische Kirche über Jahrhunderte hinweg so geschwächt, dass sie nach dem Einfall des Islam spurlos aus der nordafrikanischen Geschichte verschwindet. Augustins Sieg ist nicht nur ein Pyrrhussieg mit weit reichenden Folgen. Er macht aus der Lehre des bescheidenen Mannes aus Nazareth eine machtgeschützte Staatsideologie und leistet damit langfristig der inquisitionären Institution Vorschub. Natürlich ist die Zeit für einen geistigen Totalitarismus im Sinne der verbrecherischen Kreuzzüge, der Inquisition und des Hexenwahns noch nicht reif. Aber Peter Brown, der sorgsam abwägende Biograf Augustins, kommt doch zu dem Schluss: *Augustinus ist wohl der erste Theoretiker der Inquisition, aber er befand sich keineswegs in der Lage, einen Großinquisitor abzugeben.* Und: *Als Antwort auf seine beständigen Kritiker schreibt Augustin die einzige vollständige Rechtfertigung in der Geschichte der frühen Kirche über das Recht des Staates, Nichtkatholiken zu unterdrücken.*

Die *konstantinische* Wende von der Kirche der Liebe und der Unterdrückten zur Staatskirche wird nicht nur von den Donatisten, sondern auch von Zeitgenossen und frühen Nachfolgern mit Schmerz wahrgenommen. Der 450 gestorbene Hilarius, Bischof von Arles, von seiner Kirche heilig gesprochen und Gegner der Prädestinationslehre Augustins, registriert die *innerkirchliche* Katastrophe mit Schärfe. Er sagt, nicht mehr die Christenverfolger und Blutsäufer wie Nero oder Diokletian sind der Feind, sondern die verführerische Macht *mitten* im Christentum: *Stattdessen bekämpfen wir heute einen gefährlicheren Verfolger, einen Feind, der uns schmeichelt, nämlich den mächtigen römischen Kaiser. Er verwundet uns nicht mehr unseren Rücken, sondern er behängt unsere Brust mit Orden. Er konfisziert unsere Güter nicht, sondern im Gegenteil, er beschenkt uns. Er zwingt uns nicht, wirklich frei zu werden, indem er uns einsperrt, sondern er schickt uns in die Sklaverei, indem er uns in seinem Palast ehrt. Er greift uns nicht aus dem Rückhalt an, aber er nimmt Besitz von unserem Herzen. Er haut uns nicht mit dem Schwert den Kopf ab, aber er tötet unseren Geist mit Gold. Er bedroht uns nicht offiziell mit dem Scheiterhaufen, aber er entzündet insgeheim die Höllenfeuer. Er führt keine Schlacht, damit er nicht selbst eine Niederlage erleidet, sondern er betet unseren Christus an, damit er ungehindert herrschen kann. Er bestätigt Christus, um ihn in Wirklichkeit zu leugnen. Er verkündet Einheit, aber verhindert Gemeinschaft.*

Das *Elend des Christentums* (Joachim Kahl) beginnt auch nach Ansicht vieler gläubiger Kirchenkritiker von heute mit der *konstantini-*

schen und der *augustinischen Wende*. Adolf von Harnack schrieb mit seinem Werk *Das Wesen des Christentums* 1900 das populärste theologische Werk der Jahrhundertwende. Der große Theologe meint grundsätzlich: *Man kann Paulus, Augustin oder Luther Recht geben und wird sich doch hüten müssen, ihr Christentum als das Christentum überhaupt zu behandeln; denn damit verengt man das Fundament der Religion, welches Jesus Christus selbst gelegt hat.*

Harnack, der Vertreter eines lebendigen, menschenfreundlichen Christentums, würdigt Augustins theoretischen und praktischen Anteil an dem Jahrtausendorganismus der katholischen Kirche. Sie sei ein unerhörtes, filigranes Werk, befindet der protestantische Theologieprofessor.

Die Kirche sei jedoch *cäsarisch und augustinisch* geworden. Augustin hat nach Harnack einen Schatten auf das Gemüt der Erdenkinder gelegt: *Augustins Frömmigkeit und Theologie bedeuten eine eigentümliche Wiedererweckung der paulinischen Erfahrung und Lehre von Sünde und Gnade, von Schuld und Rechtfertigung, von göttlicher Prädestination und menschlicher Unfreiheit ... Getröstetes Sündenelend – diese Farbe behält sein ganzes Christentum. Zum Gefühl der herrlichen Freiheit der Kinder Gottes hat er sich nur selten aufzuschwingen vermocht.*

Augustins Staats- und Verfolgungskirche lehnt Adolf von Harnack wie viele andere Theologen entschieden ab: *Seine Behauptung, Christus habe ein Reich gestiftet, das sei die römische Kirche, und er habe diese Kirche mit dem Schwert, ja mit zwei Schwertern ausgestattet, dem geistlichen und dem weltlichen, säkularisiert* (verirdischt – M.J.), *das Evangelium ... Das Evangelium sagt: „Christi Reich ist nicht von dieser Welt", diese Kirche aber hat ein irdisches Reich aufgerichtet; Christus verlangt, dass seine Diener nicht herrschen, sondern dienen, diese Priester aber regieren die Welt. Christus führt seine Jünger aus der politischen und der zeremoniösen Religion heraus und stellt jeden vor das Angesicht Gottes ... Hier dagegen wird der Mensch mit unzerreißbaren Ketten an ein irdisches Institut gebunden und soll gehorchen.*

Gegen die Pelagianer

Der Großinquisitor zu Jesus:
Ich schwöre dir, der Mensch ist schwächer und niedriger geschaffen, als du es von ihm geglaubt hast.

Fjodor Dostojewski,
Die Brüder Karamasow

Während sich Augustin und seine bischöflichen Mitbrüder in wachsender Verfolgungswut mit dem „Lokalproblem" des abweichenden donatistischen Christentums herumschlagen, wirkt in Rom einer der gelehrtesten und sympathischsten Laienmönche seiner Zeit: Pelagius. Der geborene Brite kann nicht nur lateinisch, sondern auch griechisch. Er schreibt theologische Werke und predigt gegen die sittliche Schlaffheit der römischen Wohlstandsgesellschaft. Pelagius lehnt die augustinische Erbsündenlehre ab. Er vertritt die Meinung, der Mensch habe einen freien Willen zum Bösen wie zum Guten. Eine an

DER MENSCH HAT AN SICH NUR SÜNDE UND LÜGE
>AUGUSTINUS<

sich sündige Natur des Menschen gibt es nicht. Der Mensch begeht Sünden in konkreten Taten. Eine „Erbsünde" gibt es nach Pelagius schon deshalb nicht, weil sich auch die Willensakte eines Vorgängers nicht vererben können. Pelagius erklärt die Allgemeinheit der Sünde aus der *langen Gewohnheit des Sündigens*.

Pelagius und seine Mitstreiter wie der Jurist Caelestius hatten, wenn man so will, die gesamte antike Philosophie mit ihrer Menschenrechtserklärung des mündigen Individuums im Geiste hinter sich. Pelagius ist überdies ein frommer Christ. Er und die Seinen wollten eine *ecclesia semper reformanda*, eine sich immer wieder erneuernde Kirche, *ohne Flecken oder Runzeln*. Das ist ein strenges, ernst zu nehmendes Ideal. Nach der Plünderung Roms durch den Westgotenführer Alarich kommen Pelagius und Caelestius auf ihrer Flucht nach Nordafrika. Die Konfrontation mit Augustin rückt näher.

Wo Augustin das Schwert der Kirche fordert, propagiert Pelagius das Schwert des freien Willens. Mit ihm bahne sich der Christ durch eigene Taten den Weg zur Seligkeit. Weil jeder Mensch in Unschuld geboren sei, könne er auch nur durch seine eigene Schuld fallen. Ebenso vermöge er aus eigenem Willen auch die Umkehr zu einem neuen Leben. Augustin wird hellhörig, besonders als der Pelagianer Caelestius in Karthago das Dogma in Frage stellt, dass die Kindertaufe auch zur Vergebung der Erbsünde gespendet werde. Auf Augustins Betreiben wird Caelestius auf einer Synode von Karthago exkommuniziert, d.h. aus der katholischen Kirche gejagt. Augustin geht es jedoch nicht um Caelestius, sondern um Pelagius, den er als den eigentlichen hochwertigen Gegner ansieht.

Pelagius hält sich inzwischen in Jerusalem auf. Augustin bemüht sich mittels seiner persönlichen Beziehungen im hohen Klerus, im Osten eine Verurteilung des Pelagius zu erreichen. Das gelingt ihm nicht. Pelagius gewinnt im Gegenteil die palästinensische Provinzialsynode 415 für seine Auffassung. Augustin setzt nun in seinem Machtbereich durch, dass zwei afrikanische Synoden Pelagius und Caelestius als „Irrlehrer" verdammen. Damit nicht genug, wendet sich Augustin, der sonst die Interventionen des Papstes nicht schätzt und im Gegensatz zur späteren Papstkirche auf die bischöflichen Entscheidungsstrukturen der Kirche setzt, an Papst Innonzenz I in Rom.

Der Papst schlägt sich auf die Seite der nordafrikanischen Bischöfe und exkommuniziert die beiden „Irrlehrer". Die Bischöfe geben zu bedenken, was aus dem Segen der Kirche würde, wenn der Christ selbst zum Heil befähigt sei und gar keiner Hilfe bedürfe? Die katholische Kirche verliere durch Pelagius ihre zentrale Macht, mit ihren Gnadenmitteln den Menschen von sich selbst zu befreien.

Wenn es nicht so ernst wäre, könnte man sagen, der Kampf gegen die Pelagianer entwickelte sich zum Krimi. Innozenz stirbt nämlich, und sein Nachfolger, der Grieche Zosimus, erklärt Pelagius und Caelestius wieder für rechtsgläubig. Papst Zosimus unterzieht sowohl Pelagius wie Caelestius einem theologischen Examen. Er ist beeindruckt von den beiden frommen Männern. *Wenn ihr doch, geliebte Brüder, hättet anwesend sein können*, schreibt der neue Papst an die afrikanischen Kirchensynoden, *wie tief war jeder von uns bewegt! Kaum jemand der Anwesenden konnte sich der Tränen erwehren, dass Männer so echten Glaubens beschuldigt werden konnten.*

Es sieht so aus, als ob der Streit beendet wäre. Doch Augustin verfasst weitere Streitschriften gegen die pelagianischen Ideen. Er wird, über Boten, auch beim kaiserlichen Hof vorstellig, der zu diesem Zeitpunkt in Ravenna residiert. Um den Hof gefällig zu machen, überbringt Alypius, der Freund Augustins und inzwischen Bischof von Thagaste, achtzig numidische Zuchthengste nach Ravenna. Das ist ein Bestechungsgeschenk wahrhaft fürstlichen Zuschnitts. Kaiser Honorius verfügt nunmehr die Ausweisung Pelagius und Caelestius aus Rom. Er geißelt ihre optimistische Gnadenlehre als *crimen* und *sacrilegium*, als *Verbrechen* und *Religionsfrevel*. Jetzt kapituliert auch Papst Zosimus. Er verdammt in einer Enzyklika Pelagius und seine Anhänger.

Doch noch immer ist kein Ende des „Gnadenkrieges" abzusehen. Denn in Julian, dem Bischof von Eclanum, erwächst Augustin ein pelagianischer Nachfolger und hochkarätiger Gegner. Der Aristokrat Julian, Sohn eines Bischofs und mit der Tochter eines Bischofs verheiratet, gilt als glänzender Theologe. Er bezichtigt seinerseits Augustin des Manichäismus.

Augustin, der in der Auseinandersetzung mit den Donatisten mit seinen ständigen Verhandlungsangeboten eine, wie seine Gegner formulierten, *Kriegsführung mit Küssen* praktiziert hatte, bricht aus der Position des Stärkeren heraus jede Diskussion ab und setzt jetzt auf offene Gewalt in Sachen Religion. Er schreibt mit kategorischer Härte: *Fern sei es christlichen Herrschern des irdischen Staatswesens, dass sie über den alten katholischen Glauben Zweifel hegen ..., vielmehr in ihm sicher und fest gegründet über solche Feinde, wie ihr es seid, ihre Strafdisziplin verhängen.*

Disciplina – das ist eine schlimme Untertreibung. Denn die Staatsmacht spürt, mit Hilfe der katholischen Kirche, die Pelagianer mit inquisitorischer Härte auf. Alle „widerspenstigen" Bischöfe in Italien, Gallien und Britannien werden aus ihrem Amt gejagt. Pelagius selbst muss als „Ketzer" um sein Leben fürchten und verschwindet, vom Staat steckbrieflich gesucht, spurlos und für alle Zeiten. Der junge Bischof Julian von Eclanum findet vorübergehend im oströmischen Reich Zuflucht. Nach einem halben Leben in der Verbannung stirbt er schließlich im Jahr 450 auf Sizilien. Auf den Grabstein meißeln seine Anhänger demonstrativ: *Hier liegt Julian, der katholische Bischof.*

Julian von Eclanum hatte es gewagt, Augustin als *patronum asinorum*, als *Schutzherrn aller Esel*, zu verspotten. Er hatte sich der Erbsündenlehre widersetzt, der Lehre von den zur Hölle verdammten, ungetauften kleinen Kindern. Er hatte die augustinische Herabwürdigung der Ehe und der Lust abgelehnt. Julian würdigte die Sexualität sogar als den *sechsten Sinn des Leibes*. Er war ein sozialer Mann, der seinen Grundbesitz verkaufte, um mit dem Geld die durch den Gotendurchzug verarmten Menschen in Süditalien zu unterstützen.

Augustin, *ein hart gewordener Streiter* (Peter Brown), gerierte sich, wie nach seinem Kampf gegen die Donatisten, auch hier als schadenfroher Sieger. In einer Predigt nennt er die Pelagianer *Windbeutel*. Sie hatten doch allen ernstes gewagt zu leugnen, dass *niemand in diesem Fleische, in diesem vergänglichen Leibe, niemand auf dieser Erde, in dieser bösen Zeitlichkeit, in diesem Leben voll der Versuchungen, dass niemand hier ohne Sünde leben könne*. Und: *Mögen sie doch mit ihrer ganzen Reinheit draußen bleiben.*

Der Historiker Kurt Flasch kommt in seinem Buch *Augustin. Einführung in sein Denken* zu dem bitteren Schluss: *Während Pelagius eine Reform der Kirche und eine sittliche Neugestaltung des privaten und öffentlichen Lebens forderte, brauchte die Kirche, wie Augustin sie konzipierte, die Unterstützung brutaler Militärs und korrupter Beamter. Während nach pelagianischer Ansicht ein Reicher mit Sicherheit von Gott verdammt wird, brauchte die Kirche Augustins Großgrundbesitzer, die ihr Vermögen nicht den Armen austeilten, sondern zu kirchlichen Zwecken stifteten.* Und: *Der Gott Augustins nimmt Züge persönlicher Willkür an. Er wird einem spätantiken Imperator immer ähnlicher. Man muss es noch deutlicher sagen: Er wird ein Ungeheuer.*

Trotz all dem ist Augustin wohl der beste Bibelkenner seiner Zeit. Die Gelehrten haben herausgefunden, dass er in seinem riesigen Œuvre allein 13 276 Zitate aus dem Alten Testament und 29 540 aus dem Neuen Testament verwendet. Das hindert ihn nicht daran, in entscheidenden Punkten aus der Schrift statt Honig den Todestrunk zu destillieren. Besonders deutlich wird dies im Zusammenhang mit der Gnadenlehre bei seinen Auslassungen über den Tod.

Der Tod ist hier nicht das natürliche Ende des Gattungswesens Mensch oder, wie Goethe später sagen wird, der *Kunstgriff der Natur, um Leben zu schaffen*. Bei Augustin ist er eine *Strafe von Gott verhängt* – Augustin spricht sogar von *zwei Toden*! Der erste ist der biologische Tod, den Gott nach dem Sündenfall Adams als Strafe über alle Menschen verhängt. Der zweite Tod trifft die von Gott Verdammten, also die Mehrheit aller Menschen. Verdammte und Erwählte erleben eine kurze Wiederauferstehung im Fleische am *Jüngsten Tag*. Dort müssen sie sich dem *Jüngsten Gericht* stellen und werden von Gott zur Hölle verurteilt oder in den Himmel aufgenommen.

Im 21. Buch des *Gottesstaates* malt Augustin die Ewigkeit der Höllenstrafen und die mörderischen Temperaturen dieses satanischen Grills ebenso naturalistisch wie grotesk aus. Er fragt sich nämlich, ob man einen menschlichen Körper auf alle Ewigkeiten hin foltern kann. Jeder weiß doch, dass eine endlose Folter den Tod des Gefolterten herbeiführt. Mit theologischer Spitzfindigkeit fragt Augustin, was er wohl als Beweis anführen könne, *um Ungläubige davon zu überzeugen, dass beseelte und lebende Menschen leider nicht nur niemals der Auflösung durch den Tod verfallen, sondern auch in den Qualen ewiger Flammen fortbestehen können.*

Denn die *Ungläubigen* behaupteten ja, es gäbe keinen Leib, der einerseits permanenten Todesschmerz empfinden, andererseits aber grundsätzlich nicht sterben könne. Augustin scheut sich nicht, als Antwort *eine Art von Würmern in heißen Quellen* und den mythologischen *Salamander* anzuführen, *der im Feuer lebt*. Beide Tiere seien schlagende Beweise dafür, *dass nicht alles, was brennt, auch verzehrt wird.* Augustin: *Was fordert man da von uns noch weitere Tatsachenbelege, um glaubhaft zu machen, dass die Leiber der mit ewiger Verdammnis bestraften Menschen im Feuer ihr Leben nicht verlieren, vielmehr brennen … und Qual empfinden, ohne dem Untergang zu verfallen.* Ja, Augustin bemüht sogar Gottes Fähigkeit zu „Wundern" zur Inszenierung seiner sadistischen Höllenqualen: *Warum also soll Gott nicht machen können, dass die Leiber der Toten auferstehen und die Leiber der Verdammten durch ewiges Feuer gepei-*

nigt werden, er, der die Welt – Himmel, Erde, Luft und Wasser – voll unzähliger Wunder geschaffen hat.

Auf den Einwand seiner Kritiker, dass ewige Strafen sinnlos und unmenschlich seien und deshalb *reinigende Strafen* zeitlich begrenzt sein müssten, kontert der Kirchenmann mit dem Verweis auf die Todesstrafe des irdischen Staates: *Wenn jemand für ein schweres Verbrechen mit dem Tode bestraft wird, rechnen da etwa die Gesetze die kurze Zeit, die die Hinrichtung in Anspruch nimmt, als Strafe und nicht vielmehr dies, dass sie ihn für immer aus dem Kreis der Lebenden ausschließen? Die Ausscheidung von Menschen aus dem vergänglichen Staat durch die Strafe des ersten Todes aber entspricht ihrer Ausscheidung aus dem unvergänglichen Staat* (dem Himmel – M. J.) *durch die Strafe des zweiten Todes.*

Wenn man die philosophische Todesdiskussion der Antike kennt, so kommt man nicht umhin festzustellen, dass hier eine Entmenschlichung des Todesbegriffs bei Augustin vorliegt. Wie viel milder und humaner haben doch Denker wie Sokrates und Seneca, um nur zwei bedeutende Philosophen herauszugreifen, das Ende des Menschen gewürdigt.

Sokrates gelang in seiner Todesbetrachtung vor dem Athener Gericht, das ihn zur Selbsttötung mit dem Schierlingsbecher verurteilt, ein Humanum für Gläubige wie für Ungläubige. Er führt aus: *Denn eines von beiden ist das Totsein: Entweder soviel als Nichtsein noch irgendeine Empfindung von irgend etwas zu haben, wenn man tot ist; oder, wie auch gesagt wird, es ist eine Versetzung und Umzug der Seele von hinnen an einen anderen Ort.* Diesen anderen Ort will der Weise aus Athen nicht als eine Quelle der Verstümmelung und Demütigung verstanden wissen. Er vermutete vielmehr im Hades einen Ort der Begegnung: *Ist der Tod aber wiederum wie eine Auswanderung von hinnen an einen anderen Ort, und ist das wahr, was gesagt wird, dass dort alle Verstorbenen sind, – was für ein größeres Gut könnte es wohl geben als dieses, ihr Richter? … Wäre das wohl eine schlechte Wanderung? … Mit dem Orpheus umzugehen und mit Musaios und Hesiodot und Homer – wie teuer möchtet ihr das wohl erkaufen? Ich wenigstens will gerne oftmals sterben, wenn dies wahr ist.*

Seneca, der Vertreter der spätstoischen Philosophie, die von Augustin als flach und geistlos denunziert wird, formuliert bescheiden: *Im rechten Lebenswandel liegt die einzig würdige Gottesverehrung.* Auch er geht, wie Sokrates, würdig und souverän in den von Nero befohlenen Freitod und diktiert noch im Sterben sein geistiges Testament. Seine Lehre vom Tod beschreibt er in dem berühmten *Trostbrief an Marcia* so: *Bedenke, dass der Gestorbene von keinem Übel berührt wird, dass das, was uns die Unterwelt furchtbar macht, Dichtung ist: Dass den Toten keine Finsternis droht, kein Kerker, keine Feuerströme, kein Fluss der Vergessenheit, keine Richter und Ankläger und Tyrannen. Das haben nur die Dichter gefabelt und uns durch leere Schreckbilder beunruhigt. Der Tod ist die Befreiung und das Ende von allem Übel. Über ihn gehen unsere Leiden nicht hinaus; er versetzt uns in jene Ruhe zurück, in der wir lagen, ehe wir geboren wurden.*

Nietzsche könnte Augustin gemeint haben, wenn er (in *Der Wille zur Macht*) kritisiert: *Der Tod ist verdorben durch den Missbrauch, den die Kirche damit getrieben hat.* Und (in *Menschliches, Allzumenschliches*): *Der Tod ist durch die wunderlichen Apothekerseelen zu einem übelschmeckenden Gifttropfen gemacht.* Auch der Aufklärer Gotthold Ephraim Lessing (1729–1781) setzt in seiner Untersuchung *Wie die Alten den Tod gebildet* der antiken Naturfrömmigkeit die christliche Naturentseelung gegenüber. Da ist die Rede von *derjenigen Religion*, welche *die Schrecken des Todes unendlich vermehren musste, indem sie dem Menschen zuerst entdeckte, dass auch der natürliche Tod die Frucht und der Sold der Sünde* sei. Das Christentum schüchtere seine Schäflein mit einem Schreckensbild von *Moder und Verwesung* ein.

Augustin und die Pelagianer, das ist, wenn man genau hinschaut, ein Trauerstück des patristischen Denkens. Nicht nur die Geschichtsschreibung ist eine Historiografie der Gewinner, auch die Religion ist eine Theologie der Sieger. Das gerät ihr nicht immer zum Vorteil, wie man sieht.

Fjodor Dostojewski hat die augustinische Kirche als geistige Repräsentanz einer *nachchristlichen* Menschenverachtung, der Verdrängung der „frohen Botschaft, ausgemacht. In einer berühmten Passage seines metaphysischen Kriminalromans *Die Brüder Karamasow* lässt Dostojewski den Iwan die Geschichte von der Begegnung des spanischen Großinquisitors mit dem zurückgekehrten Jesus vortragen.

Der über Folter und Verfolgung gebietende höchste Kirchenmann hält hier ein fürchterliches Plädoyer für die Unterdrückungsmacht der Kirche. Der Großinquisitor wirft Jesus vor, die Menschen mit seinem Erlösungsprogramm von Freiheit und Liebe zu überfordern: *Du willst in die Welt gehen und gehst mit leeren Händen, mit irgendeiner Freiheitsverheißung, die sie in ihrer Einfalt und angeborenen Zuchtlosigkeit nicht einmal begreifen können, vor der sie sich fürchten und die sie schreckt – denn für den Menschen und die menschliche Gemeinschaft hat es niemals und nirgends etwas Unerträglicheres gegeben als die Freiheit! Siehst du dort jene Steine in dieser nackten, glühenden Wüste? Verwandle sie in Brote, und die Menschheit wird dir wie eine Herde nachlaufen, wie eine dankbare und gehorsame Herde, wenn sie auch ewig zittern wird vor Angst, du könntest deine Hand zurückziehen und deine Brote würden dann ein Ende nehmen. Du aber wolltest den Menschen nicht der Freiheit berauben, und du verschmähtest den Vorschlag, denn was ist das für eine Freiheit, dachtest du, wenn der Gehorsam mit Broten erkauft wird?*

Der Großinquisitor versteht das Werk seiner Machtkirche als Korrektur des jesuanischen Idealismus: *Wir haben deine Tat verbessert und sie auf dem W u n d e r, dem G e h e i m n i s und der A u t o r i t ä t aufgebaut. Die Menschen freuten sich, dass sie wieder wie eine Herde geführt wurden und dass von ihrem Herzen endlich das ihnen so furchtbare Geschenk* (der Freiheit – M. J.), *das ihnen so viel Qual gebracht hat, genommen wurde.* Der greise Kirchenfürst verstößt Jesus. Er öffnet die Tür des Verlieses und sagt zu seinem Gefangenen: „*Geh und komme nie wieder … komme überhaupt nicht mehr, nie wieder!*"

Hans Küng meint dazu (in *Kleine Geschichte der katholischen Kirche*): *Man stelle sich eine Art Gedankenexperiment nur einmal vor: Jesus von Nazareth – bei einer Papstmesse im Petersdom? Ob es da vielleicht auch heißen würde wie in Dostojewskis „Großinquisitor": „Warum kommst du, uns zu stören?"*

Gegen die „Heiden“

Welche Religion ich bekenne?
Keine von allen,
die du mir nennst.
Und warum keine?
– Aus Religion.

Friedrich Schiller,
Mein Glaube

Dreizehn Jahre lang, von 413–426, hat der alte Augustin an den zweiundzwanzig Büchern seines *Gottesstaates* gearbeitet. Die engzeilige Dünndruckausgabe bei dtv klassik umfasst 1639 Seiten(!). Was motiviert Augustin zu dieser gewaltigen geistigen Anstrengung? Er gibt uns selbst die Antwort. Als die Westgoten, wie berichtet, im Jahr 410 das *Ewige Rom* stürmen und plündern, suchten, wie Augustin berichtet, *die Verehrer der vielen falschen Götter, die wir gewöhnlich Heiden nennen, diese Plünderung der christlichen Religion anzuhängen und fingen an, heftiger noch und erbitterter als sonst, den wahren Gott zu lästern. Da*

ALLE GÖTTER DER HEIDEN SIND DÄMONEN,
ABER DER HERR HAT DEN HIMMEL GEMACHT

›AUGUSTINUS‹

entbrannte ich vor Eifer für das Haus des Herrn und beschloss wider ihre Lästerungen und Irrtümer die Bücher vom Gottesstaat zu schreiben.

So beschäftigen sich denn auch die ersten zehn Bücher *Vom Gottesstaat* mit dieser angeblichen Schuld des Christentums am Zerfall Roms. Vor allem setzt sich Augustin darin mit den Göttern und der Philosophie der Antike polemisch auseinander. Der Begriff *polemisch* ist hier wörtlich zu nehmen. Er stammt von dem altgriechischen Wort *pólemos*, das heißt *Krieg*. Um Krieg gegen die „heidnische“ Kultur und um ihre endgültige Vernichtung geht es Augustin. Toleranz ist nicht mehr gefragt. Als das Christentum noch eine *Diaspora* (altgr.: *Zerstreuung*) und damit eine Minderheitenreligion war, da plädierten Tertullian und andere Theologen noch für allgemeine Religionsfreiheit. Jetzt spricht sich der Ideologe der imperialen römischen Reichskirche für die Verfolgung der „Heiden“ und der „heidnischen“ Kultur aus.

Warum apostrophiere ich den Begriff *Heiden*? Antwort: Er ist ein Kampfbegriff. Er assoziiert Gottlosigkeit, Unbildung und Unsittlichkeit. Er denunziert die gesamte Antike als einen geistigen Treppenwitz der Geschichte. Das stigmatisiert alle vorchristlichen Menschen als Primitive – bestenfalls, wenn es sich um vorbildliche Menschen und hochgesinnte Philosophen handelt, als wohlmeinende Irrende.

Augustin verfasst seine Streitschrift *contra paganos*, *Gegen die Heiden* und organisiert den Massenvertrieb mittels eines Heeres von Kopisten. Inzwischen muss jeder römische Bürger, bei Androhung der Verbannung oder Todesstrafe, Christ sein. Bischöfe, Mönche und christliche Laien zerstören mit ihren „Rollkommandos" die fremden Kultstätten und vernichten unermessliche antike Kunstschätze und „heidnische" Literatur.

Wenn ich den Begriff *heidnisch* hartnäckig in Anführungszeichen setze, so möchte ich für die Erkenntnis sensibilisieren, dass hier ein ursprünglich sachlicher Begriff negativ besetzt und in das Wörterbuch des geistigen Totalitarismus übernommen wird. Im Lateinischen ist der *homo paganus* der Landmann. *Paganus* heißt *dörflich*, *ländlich*. Lange Zeit hindurch beschränkt sich die Ausbreitung des Christentums, zumindest in den westlichen Provinzen, auf die Städte, während es auf dem Lande nur langsam Fuß fassen kann. Unter der ländlichen Bevölkerung herrschen die altgläubigen (wohlgemerkt nicht gottlosen!) Vorstellungen weiter. Bauern und Landarbeiter verehren die antiken Götter, besuchen ihren Tempel und bringen ihnen Weiheopfer dar. Dadurch erklärt es sich, dass das lateinische Wort *Paganus*, also *Dorfbewohner*, im Sinne von „Heide" und „Nichtchrist" gebraucht wurde.

Der Begriff „Heide" unterschlägt, dass die hoch kultivierten Menschen des alten Griechenland und des römischen Weltreichs, der Ägypter, der Inder und Chinesen, zum Teil Jahrtausende vor der Entstehung des Christentums, eine tiefe Gläubigkeit, Theologie und Philosophie praktizierten und berückend schöne Kunstwerke, Tempel, Pyramiden und religiöse Pagoden schufen.

Natürlich hat der Schriftsteller Augustin Recht, wenn er die Schuld des Christentums am Niedergang des Römischen Imperiums bestreitet. Der Vorwurf ist absurd. Das Reich ist an der mangelnden Arbeitsproduktivität der Sklavenherrschaft, der imperialen Aufblähung und den Nationalbewegungen junger Völker zugrundegegangen. Aber Augustin betreibt darüber hinaus einen ideologischen Kahlschlag, der die Antike und ihre Glaubensvorstellungen ohne einen Funken des Respekts lächerlich macht.

Die Größe Roms war, so Augustin, nicht das Werk der Götter. Die heidnischen Götter sind *nichts*. Sie sind geschichtlich ohnmächtig. Sie sind keine moralischen Instanzen.

Nicht die Götter, wohl aber Christus und seine Zeugen treten nach Augustin der Sittenverderbnis entgegen. Der Verderb des Staates durch Sittenlosigkeit sei den Göttern gleichgültig gewesen. Die Götter ließen Troja zugrunde gehen. Sie bestraften den Brudermord des Romulus nicht, der den römischen Staat begründete. Die Götter schwiegen bei allen Blutbädern, etwa bei den sozialen Aufständen der Gracchen, die den Landbesitz des Adels unter das Volk verteilen wollten. An der Ausdehnung und langen Dauer des römischen Reiches waren nach Augustin die Götter nicht beteiligt. Denn die anderen Völkerschaften, welche von den Römern besiegt wurden, verehrten zum Teil die gleichen Götter. Wie, so fragt Augustin, kann man Göttern, die bereits auf Erden so machtlos sind, um des ewigen Lebens Willen verehren?

Es ist nach Augustin *ausgeschlossen … dass irgendwie eine dieser vielen und falschen Gottheiten mit der Errichtung irdischer Reiche etwas zu schaffen habe. Aber wäre es da nicht ein Beweis geradezu aberwitziger Gottlosigkeit, wollte man glauben, dass das ewige Leben, das allen irdischen Reichen unfraglich und unvergleichlich vorzuziehen ist, von einer dieser Gottheiten irgendwem verliehen werden könnte?*

Es ist nicht ganz einfach, den Ausführungen Augustin zu folgen, weil sie in sich widersprüchlich und, wie nicht wenige Passagen seines Werkes, von Aberglauben getränkt sind. Einerseits bezeichnet Augustin die antiken Götter abergläubisch als *Dämonen*, als die bösen, gefallenen Engel, andererseits als von Menschen geschaffene Fantasiegebilde. Treffend formuliert es der römische Aufklärer Lucrez (97–55 v. Chr.) in seinem Lehrgedicht *De rerum natura, Vom Wesen der Welt*: *Timor facit deos – die Furcht schafft die Götter.*

Mit dieser Argumentationsweise greift Augustin den kirchlich-römischen Götterglauben an. Er plädiert für eine totale Entmythologisierung. Mit einer so kritischen Destruktion gebärdet er sich wie ein Freidenker des 19. Jahrhunderts – derartig radikale Abrechnungen finden sich bei Ludwig Feuerbach und Nietzsche wieder. Bei der Darlegung der Götterlehren folgt Augustin Varros' Unterscheidung einer poetischen (*religio fabulosa*), einer politischen (*religio civilis*) und einer natürlichen Religion (*religio naturalis*).

Zwischen Gott und den Menschen setzt Augustin die *Dämonen* an: *Freilich herrschten die Dämonen über viele, die der Teilnahme an der wahren Religion nicht würdig sind, wie über Gefangene und Untertanen, und wissen sich den meisten von ihnen durch wunderbare und betrügerische Zeichen, bald Taten, bald Weissagungen, als Götter zu empfehlen.* Diese Dämonen sind, nach Augustin, in der Nähe des Mondes lebende *Luftwesen*. Sie sind unsterblich, *unselig und bösartig*.

Es gibt sie also doch, die antiken Götter – wenn auch als teuflische Dämonen, die eine *grausige und gottlose Tyrannei* über den Menschen errichten. Durch das Christentum, so Augustin, *diese einzig wahre Religion, konnten die Götter der Heiden als unsaubere Dämonen entlarvt werden, die, bald der Vermittlung der toten Geister sich bedienend, bald auch als Naturkräfte sich aufspielend, für Götter gehalten werden wollen, sich stolz und schmutzig zugleich an abscheulichem und schimpflichem Tun, als wären es göttliche Ehrungen, freuen und den Menschenseelen die Bekehrung zum wahren Gott missgönnen.*

Götter gegen Halbgötter also – andererseits stimmt der gleiche Augustin dennoch Varros und seiner Theorie der *religio fabulosa*, zu: Der Mensch selbst hat *die Götter in Menschengestalt gebildet*. Das ist im Kern nichts anderes als die Auffassung, die der Religionskritiker Ludwig Feuerbach 1841 in seinem Werk *Das Wesen des Christentums* mit dem Aphorismus beschrieb: *Der Mensch schuf Gott nach seinem Bilde*. Feuerbach: *Die Religion zieht die Kräfte, Eigenschaften, Wesensbestimmungen des Menschen vom Menschen ab und vergöttert sie als selbstständige Wesen – gleichgültig ob sie nun, wie im Polytheismus, jedes einzeln für sich zu einem Wesen macht, oder, wie im Monotheismus, alle in ein Wesen zusammenfasst.*

Philosophisch bewegt sich Augustin auf einem gefährlich schmalen Grat. Ließe sich seine wie eine Säure zersetzende Götterkritik grundsätzlich nicht auch auf den eigenen Gott anwenden? Augustin manövriert sich in *Aporien*, Ausweglosigkeiten. So, wenn er etwa die Nichtexistenz der antiken Götter mit dem Argument begründet, *ohne zu hindern und abzuschrecken, ließen sie es zu, dass über ihre Verehrer die furchtbarsten, entsetzlichsten Übel hereinbrachen.*

Es ist bis heute ein denkerisches Grundproblem der christlichen *Theodizee* geblieben, die Rechtfertigung Gottes gegen den Vorwurf leisten zu müssen, dass er auch für das Böse in der Welt verantwortlich ist. Der Philosoph Gottfried Wilhelm Leibniz (1646–1716) hat darauf in seiner *Theodizee* keine befriedigende Antwort gefunden. Der religiöse Universalgelehrte flüchtet sich in die Behauptung, Gott habe schlicht die *Beste aller möglichen Welten* verwirklicht. Voltaire (1694–1778) stellte diesem gefälligen Bild das verheerende Erdbeben von Lissabon (1755) gegenüber. Dreißigtausend Menschen wurden getötet, Kinder und Erwachsene, Gerechte und Ungerechte. Seit Herculaneum und Pompeji hatte die Geschichte keine vergleichbare Naturkatastrophe erlitten. Voltaire protestiert im Zeichen der Vernunft und Güte.

Bereits in seinem 1764 aus Furcht vor der katholischen Zensur anonym erschienenen *Philosophischen Wörterbuch* schreibt Voltaire, dessen Werke von der katholischen Kirche auf den Index der verbotenen Bücher gesetzt werden: *Die Kirchenväter erklären … den Ursprung des Guten und des Üblen nicht besser als die Anhänger Zarathustras. Wenn sie behaupten, Gott sei ein liebevoller Vater und ein rechter Herrscher, … geraten sie bald in unentwirrbare Widersprüche. Dieser Herrscher, der das, was wir Gerechtigkeit nennen, in verschwenderischer Fülle besitzt, dieser Vater, der seine Kinder so unendlich liebt, dieser Allmächtige soll Wesen nach seinem Bilde geschaffen haben, um sie alsbald durch einen bösen Geist in Versuchung zu führen und der Versuchung erliegen zu lassen, um Wesen, die er unsterblich geschaffen hatte, sterben zu lassen, um ihre Nachkommenschaft mit Unglück und mit Verbrechen zu überhäufen? … Wie kann Gott, der später das Menschengeschlecht erlöst durch den Tod seines einzigen Sohnes … fast das gesamte Menschengeschlecht, für das er gestorben ist, dem Schrecken ewiger Qualen preisgeben? Betrachtet man diese Lehre nur als Philosoph (ohne seine Zuflucht zum Glauben zu nehmen), so ist sie gewiss ungeheuerlich, abscheulich.* Soweit Voltaire. Wie schwer tut sich die moderne Theologie erst mit Auschwitz, dem Mord an Gottes geliebtem Volk.

Augustins aufklärerischer Gestus gegenüber den Religionen der Antike könnte sich, kritisch betrachtet, als Bumerang gegen die geistigen Zumutungen seiner eigenen Theologie richten. So macht sich Augustin lächerlich über die zahlreichen öffentlichen und häuslichen Schutzgötter der Antike: *Wer die göttlichen Verrichtungen so bis ins erbärmlich Kleinste aufteilt und dazu erklärt, man müsse die Götter je nach dem besonderen, einem jeden verliehenen Amte anrufen, …, passt das nicht besser zur Possenreißerei der Komödianten als zur göttlichen Würde?* Vergisst Augustin, wenn er dies seinem Stenographen diktiert, dass seine Kirche die Märtyrer und „Heiligen" zu Fürsprechern in besonderen menschlichen Notlagen macht? Augustin selbst gilt als der Schutzpatron der Theologen, Buchbinder und Bierbrauer, die im Gebet seine Hilfe erbitten dürfen.

Über die angeblichen „Wunder" der antiken Götter oder *Dämonen*, wie er sie nennt, kann sich Augustin nur ausschütten vor Lachen. Dass die weinende Statue des Apollo von Cumae den Griechen ihre Niederlage durch Rom vorhergesagt habe, scheint dem gleichen Bischof von Hippo absurd, dessen Kirche seit zweitausend Jahren mit der weinenden Mutter Gottes die Attraktion katholischer Wallfahrtsorte steigert und den frommen Legenden von Christi Blutmalen an Händen und Füßen eines Padre Pio oder einer Resel von Konnersreuth nicht entgegentritt.

Was die christlichen „Wunder" angeht, so hat Augustin, der doch die antiken Götter und ihre Wundertaten für fabuliertes Menschenwerk hält, keinerlei intellektuelle Vorbehalte. Er glaubt an das himmlische Feuer, das Sodom verzehrt, und die Erstarrung von Lots Weib zur Salzsäule, an das Manna, das den Israeliten vom Himmel regnete, an das Zurückweichen des Roten Meeres beim mosaischen Zug, an die wundersam entsprungene Wasserquelle aus dem Felsen, an die Erscheinung Gottes vor Moses, an die leibliche Geburt Jesu aus einer Jungfrau. Das dürfe seine gebildeten Leser unter keinen Umständen befremden: *Es sollte euch vielmehr zu frommer Ehrfurcht anre-*

gen, dass er, der Wunderbare, auch wunderbar geboren ward. Oder weigert ihr euch vielleicht zu glauben, dass er mit seinem im Tode abgelegten und in der Auferstehung verklärten, nun unvergesslich und unsterblich gewordenen Leibe zum Himmel gefahren ist …?

Der Kirchenpatriarch versucht den Leser zu überreden, an die Arche Noah und die Sintflut als eine reale Geschichtstatsache zu glauben, Augustin steigt, um „das Wunder" der Errettung der Menschheit zu beweisen, sogar in architektonische Spekulationen herab. Die Kritiker beanstandeten, so Augustin, *der Innenraum jener Arche habe nicht so viele Arten von Tieren beiderlei Geschlechts, je zwei von den unreinen, je sieben von den reinen, fassen können. Aber, wie mir scheint, rechnen sie nur mit den dreihundert Ellen Länge und fünfzig Ellen Breite und denken nicht an die beiden anderen ebenso großen übereinander gelagerten Stockwerke, das demnach die Ellenzahl drei Mal genommen werden muss, also neunhundert Mal hundertfünfzig Ellen beträgt.*

Besonders erwärmt sich Augustin für die „Wunder" des Neuen Testaments, die doch in der modernen Theologie überwiegend als Allegorien, also als Sinnbilder und Gleichnisse, verstanden werden. Er berichtet von religiösen Blindenheilungen während seiner Mailänder Zeit, aber auch von einer wundersamen Spontanremission eines Fistelgeschwürs bei dem Advokaten Innocentius in Karthago. Im gleichen Karthago sei Innocentia, *eine sehr fromme Frau aus den ersten Familien der Stadt*, von ihrem Brustkrebs geheilt worden, als ihr, wie im Traum vorhergesagt, eine Neugetaufte das Kreuzeszeichen über das Mammakarzinom gemacht habe. Ein Arzt in der gleichen Stadt sei durch die Taufe von der Fußgicht befreit, ein Schauspieler durch den gleichen Taufakt *nicht nur von einer Lähmung, sondern auch von einer unförmlichen Schwellung der Geschlechtsteile geheilt* worden.

In der Nähe von Hippo Regius hätten geweihte Jungfrauen mit frommen Liedern einen Jüngling, in den der Dämon (!) gefahren sei, geheilt. Der numidische Bischof Lucillus, ein Amtsbruder Augustins, habe an einer lästigen Fistel an der Hand gelitten. Als er in einer Prozession eine Reliquie *des glorreichen Märtyrers Stephanus* dem Volk voraustrug, ward die Fistel *durch das Tragen jener heiligen Bürde ... plötzlich geheilt.* Ein andermal habe die Reliquie einen Knaben, der beim Spiel auf dem Hofe unter das Rad eines Wagens kam, vom Sterben ins Leben zurückgerufen. Ebenso habe sie die Jungfrau Caspaliana wiedererweckt. Das Gleiche sei dem Steuereinnehmer Irenäus und dem Söhnlein des früheren Tribuns Eleusinus auf dem Totenbett wiederfahren ...

Jedem gläubigen Katholiken wird, so Augustin, am *Jüngsten Tag* die fleischliche Wiederauferstehung zuteil. Was aber passiert dann mit den *Mageren und Fettleibigen*? Das Problem stellt sich für Augustin allen ernstes. Schleppen sie ihre Bürde auch in den Himmel? Gott schenkt ihnen dort einen makellosen Leib, tröstet der Kirchenvater: *So braucht man nicht um die Mageren und die Fettleibigen besorgt zu sein, sie möchten auch drüben sein, wie sie hier ungern genug waren.* Und was wird mit denen, die bereits als Babys oder Kleinkinder sterben? Auch hier ist Augustin um keine Antwort verlegen: *Ich denke doch dies, dass sie nicht so klein, wie sie starben, auferstehen werden, sondern durch Gottes Wundermacht das Wachstum, das andernfalls langsamer erfolgt sein würde, schnellstens zum Abschluss bringen werden.*

Was lässt den – gegenüber der Religiosität der Antike so skeptischen – Augustin derartig naiv und bedingungslos an jedes Detail der „heiligen Schrift" glauben? Liegt hier nicht, so würde ein gebildeter Römer fragen, ein *sacrificium intellectus*, ein *Verbrechen gegen die Vernunft*, vor. Augustin gibt selbst die Antwort: *Ich würde dem Evangelium keinen Glauben schenken, wenn mich nicht die Autorität der katholischen Kirche dazu bewegte.*

Wer waren hier die „Heiden"? Wer waren hier die „Weisen"? Den gebildeten römischen Menschen, so erläutert Peter Brown, *erschien das Christentum, wie auch vielen heute noch, als eine Religion ohne Verbindung zu den natürlichen Voraussetzungen einer ganzen Kultur. Die großen Platoniker ihres Zeitalters, Plotinus und Porphyrius, konnten ihnen eine tief religiöse Weltsicht vermitteln, die ganz natürlich aus einer unvordenklichen Tradition erwuchs. Im Gegensatz hierzu ermangelten die Behauptungen der Christen der intellektuellen Begründung.* Für einen Römer von Bildung wäre die Annahme der *Inkarnation*, also der Fleischwerdung Gottes, registriert Brown, *eine ähnliche Zumutung gewesen wie die Leugnung der Evolution der*

Arten für einen modernen Europäer: Er hätte nicht allein das ihm zugängliche fortgeschrittendste, vernunftgemäß begründete Wissen aufgeben müssen, sondern einschlussweise auch die ganze Kultur, die von solchen Errungenschaften durchsetzt war. Grob gesagt waren die Heiden die „Weisen", die „Experten", und die Christen waren „dumm".

Sollte ein Römer seinen Augen trauen, wenn er im 15. Buch des *Gottesstaates* las, die Urväter des Christentums, die alten israelitischen Stammesführer, seien dem biologisch entscheidenden Gesetz des Alters nicht unterworfen gewesen, ... *denn mehrere wurden über neunhundert Jahre alt?*

Am schlimmsten aber war wohl für den „heidnischen" Altgläubigen, dass er, von Augustin als strukturell *Gottloser* gebrandmarkt, für die ewige Verdammnis bestimmt sei. Im 19. Buch bescheinigt Augustin dem „Heiden" eine nicht tilgbare moralische Schuld: *Denen dagegen, die nicht zu diesem Gottesstaat gehören, ist ewige Unseligkeit beschieden. Man heißt sie auch den zweiten Tod, weil weder eine Seele, die dem Leben Gottes entfremdet ist, noch ein Leib, der ewigen Qualen unterworfen ist, wirklich lebt, und der zweite Tod wird umso bitterer sein, weil kein Tod ihn beenden kann.*

Wie musste es schließlich den nicht christlichen Leser berühren, wenn der führende Gottesmann ein Loblied auf den *frommen Kaiser* Theodosius mit folgenden rachdürstigen Worten anstimmte: *Bei alledem war er von Anbeginn seiner Regierung an unermüdlich, der bedrängten Kirche durch höchst gerechte und Gesetze wider die Gottlosen beizustehen ... Die heidnischen Götzenbilder ließ er allenthalben zerstören.*

Augustin ist zu gebildet, um die Größe antiken Philosophierens gänzlich zu verleugnen. Über Sokrates schreibt er anerkennend: *Fest steht, dass er bei Erörterung der sittlichen Fragen, denen er seine ganze Aufmerksamkeit widmete, die Unwissenheit der Toren, die sich einbildeten, sie wüssten etwas, mit wunderbarer Eleganz und bissiger Liebenswürdigkeit, Nichtwissen zur Schau tragend oder sein Wissen verhehlend, in die Enge trieb und ängstigte. Dadurch zog er sich freilich Feindschaft zu und wurde verleumderisch angeklagt und hingerichtet ... Der hohe Ruhm des Lebens und Sterbens des Sokrates rief sodann eine Menge Nachfolger seiner Philosophie auf den Plan, die sich im Wetteifer auf die Erörterung morali-*

scher Fragen warfen, wobei es sich um das höchste Gut handelt, das den Menschen glückselig machen kann.

Doch was nützt diese Laudatio, wenn dem „Heiden“ der christliche Himmel ohnehin versagt bleibt? Denn ob Sokrates, Plato oder Seneca, sie alle waren nach Augustin der sträflichen Ansicht, *dass man vielen Göttern Dienst schulde*. Vor allem aber waren sie keine Christen und damit nicht der einzig stärkenden Sakramente der einzigen *Mutter Kirche* teilhaftig. Konnte man wirklich alle Menschen v o r Christus, selbst die Edelsten, aus katholischer Sicht der Höllenverdammnis zuordnen?

Man konnte. In einem Brief an Evodius beantwortete Augustin die Frage, wen Christus vor der Hölle erlöst hätte, so: *Man wäre besonders froh wegen jener Menschen, die uns innigst bekannt sind durch ihre Werke, deren Stil und Geistesqualitäten wir bewundert haben. Nicht allein die Dichter und Redner, die an vielen Stellen ihrer Werke die falschen Götter der Völker dem Gespött preisgaben und gelegentlich sogar den einen wahren Gott bekannten (obwohl sie gewöhnlich der Masse in ihren abergläubischen Riten folgten); sondern auch jene, die dieselben Ansichten nicht in Dichtung und Rhetorik vertraten, sondern als Philosophen. Dann gibt es jene, die nichts Literarisches hinterlassen haben, von denen wir aber durch die Klassiker wissen, dass sie durch ihr eigenes Licht preiswürdig lebten, abgesehen von der Tatsache, dass sie nicht Gott dienten, sondern in Anbetung der Eitelkeiten irrten, worin die etablierte Religion ihrer Zeit bestand (...). Mit Recht können sie als Beispiel für alle anderen Tugenden hochgehalten werden – für Mäßigkeit, Selbstverleugnung, Keuschheit, Nüchternheit. Für todesmutig um des Vaterlandes Willen hielten sie ihr geschworenes Wort ihren Mitbürgern, ja sogar ihren Feinden. All diese Dinge sind ... auf eine Weise wertlos und nutzlos, aber als Zeichen eines bestimmten Charakters gefallen sie uns so sehr, dass wir jene, bei denen sie vorhanden sind, von den Qualen der Hölle befreit wünschten. Wenn nicht das Urteil des menschlichen Fühlens e i n e Sache wäre und die Gerechtigkeit des Schöpfers eine ganz andere.*

Gegen Ende seines Lebens verunglimpft der Bischof von Hippo in seiner Kampfschrift *Gegen die Juden* diese als *Sünder, Mörder, zu Essig ausgearteter Wein der Propheten* und *aufgerührter Schmutz*. Er zeiht sie des *ungeheuren*

Vergehens der Gottlosigkeit schuldig und befindet: *Der Vater, von dem ihr seid, ist der Teufel.* Und: *Nicht sie werden Christen, sondern uns machen sie zu Juden. Die Gebräuche der Juden sind für die Christen gefährlich und todbringend. Wer immer sie beobachtet, stamme er nun aus dem Judentum oder Heidentum, stürzt dadurch in den Rachen des Teufels.*

Auch das ist wieder paulinisch gedacht. Denn wie schreibt doch Paulus im ersten Thessalonikerbrief: *Sie haben den Herrn Jesus und die Propheten getötet und haben uns verfolgt und gefallen Gott nicht und sind gegen alle Menschen feindselig. Sie hindern uns, den Heiden zu ihrem Heil zu predigen, damit sie das Maß ihrer Sünden jederzeit voll machen. Doch das Zornesgericht ist endgültig über sie gekommen* (2,15).

Das ist, zumindest in der Epoche des Augustin, wörtlich zu nehmen. Denn Kaiser Konstantin belegt jeden Übertritt zum Judentum mit schweren Strafen. Seine Nachfolger entziehen jedem Christen, der zum Judentum übertritt, seinen Besitz. Mischehen zwischen Juden und Christen ahnden sie mit der Todesstrafe. Kaiser Theodosius II. (408–450) schließt die Juden von allen öffentlichen Ämtern und Würden aus. Er untersagt ihnen den Bau neuer Synagogen. Im 6. Jahrhundert erklärt Kaiser Justinian die Juden, wie die „Heiden“ und „Ketzer“, für rechtlos, beschlagnahmt ihre Synagogen und lässt sie in katholische Kirchen verwandeln. Christliche Bischöfe, die Synagogen plündern und niederbrennen, bleiben straflos. Nordafrikanische Juden unterzieht Justinian einer Zwangstaufe. Hier beginnt die blutige Geschichte des Antisemitismus mit ihren schrecklichen Folgen bis hin zum Holocaust.

Im *Gottesstaat* fällt schließlich auch wiederholt das Wort vom *bellum justum*, vom *gerechten Krieg*. *Was hat man denn gegen den Krieg, etwa, dass Menschen, die doch einmal sterben müssen, dabei umkommen?* fragt Augustin. Zwar habe, so Augustin im ersten Buch des *Gottesstaates*, Gott das Gebot „Du sollst nicht töten“ erlassen, *doch hat Gottes gebietender Wille selbst einige Ausnahmen von jener Anordnung, keinen Menschen zu töten, verfügt. Es versteht sich nämlich, dass, wenn Gott selbst es verfügt, sei es durch Erlass eines Gesetzes, sei es zu bestimmter Zeit durch ausdrücklichen an eine Person gerichteten Befehl, solch ein Ausnahmefall vorliegt. Dann tö-*

tet nicht der, der dem Befehlenden schuldigen Gehorsam leistet, wie das Schwert dem dient, der es führt. So verstießen diejenigen keineswegs gegen das Gebot „Du sollst nicht töten“, die auf Gottes Veranlassung Kriege führten.

Ist es wirklich ein „Missverständnis“, wenn die Päpste des Mittelalters Augustins Gedanken des *gerechten Krieges* zur propagandistischen Vorbereitung der Kreuzzüge verwandten, die zu den großen Verbrechen des christlichen Abendlandes gehören? Umso erfreulicher ist es, wenn der Papst und die Mehrheit seiner Bischöfe im Jahr 2003 den „gerechten Krieg“ des George Bush gegen Saddam Hussein ablehnt.

In seinem katholischen Exorzismus der Antike verwirft Augustin alle philosophischen Lehren, die von Epikur, Sokrates über Aristoteles bis Seneca und Marc Aurel auf ein diesseitiges Leben der Menschenwürde, Glückserfüllung und eine irdische Moral setzten. Er besteht darauf, dass *das Leben, welches wir hier führen, und wäre es überreich an Gütern der Seele, des Leibes und äußerer Habe, nichts als jämmerliches Elend* ist. Verglichen mit dem *Gottesstaat* ist alles irdische Trachten nutzlos.

Augustin bekundet unerschütterlich: *Ich glaube, um zu erkennen, worauf zu schauen ich gelernt habe, das ist zuallererst die katholische Kirche. Ich werde mein Vertrauen nicht auf einen Menschen setzen.* Damit zerstört Augustin, wie Peter Brown kritisiert, *mit ganz ungewöhnlich geistiger Grausamkeit das Gesamt der antiken ethischen Tradition.* In Karthago spricht Augustin vor fanatisierten Massen, die grölen *Nieder mit den römischen Göttern!* Augustin heizt noch weiter an: „*Ihr müsst wissen, meine Freunde, wie sich das Gemurre* (der „Heiden" – M. J.) *mit dem der Häretiker und Juden verbindet. Häretiker, Juden und Heiden – sie haben eine Einheit gebildet gegen unsere Einheit.*"

Karl Jaspers resümiert Augustins Weg von der freien Philosophie zum Offenbarungsglauben mit den Worten: *Trotz gegen die Kirche wäre für Augustin Selbstvernichtung gewesen. Sie aufzugeben war so unmöglich, dass es nicht einmal eine Versuchung werden konnte. Er kam nie in Konflikt, denn er war der geistig Mitschaffende dieser Autorität (...). In Augustin ist in der Tat nicht eine Spur von Neigung zur Unabhängigkeit der antiken Philosophen. Er bedarf und will ein Anderes, von außen Kommendes, an das er sich halten kann. Dies Andere, die Kirche, hat seine Kraft in Augustin, weil er es nicht nur als fertig vorfindet, sondern sie selber denkend mitwirkend konstruiert.*

Der Sinn der Geschichte

Wer die katholische Kirche verstehen will, muss Augustin verstehen! Keine Gestalt zwischen Paulus und Luther hat auf die katholische Kirche und Theologie einen größeren Einfluss ausgeübt als dieser … Mann.

Hans Küng,
Kleine Geschichte der katholischen Kirche

Was ist Geschichte? Gibt es einen Sinn der Geschichte? Diese Fragen haben die Menschen, vor allem in der Moderne, immer schon bewegt. Der Historiker Leopold von Ranke (1795–1886), der mit seiner Quellenkritik die moderne Geschichtswissenschaft und den Historismus formt, fordert, die Flächigkeit einer rein beschreibenden Geschichtswissenschaft zu transzendieren und zur Erkenntnis größerer Zusammenhänge vorzustoßen.

Der französische Historiker F.A. Mignet (1796–1884) hebt, am Ende seiner berühmten

HÖLLE
1KM
HIMMEL
1000 KM

Arbeiten über die Französische Revolution, die nackte Gewaltnatur der Geschichte hervor: *Sobald eine Reform notwendig geworden und der Augenblick ihrer Durchführung gekommen ist, so hält sie nichts auf, und alles ist ihr förderlich. Glücklich dann die Menschen, wenn sie sich verständigen können, wenn die einen abträten, was sie zu viel haben … Aber bis jetzt bieten die Jahrbücher der Völker kein Beispiel einer solchen Klugheit dar, wenn es sich um Opfer handelt; wer sie bringen sollte, verweigert sie, wer sie wünscht, wehrt sie ab, und das Gute geschieht wie das Böse durch Anwendung und mit der Rohheit widerrechtlicher Angriffe. Noch hat es keine andere Macht im Staate gegeben als die Gewalt.* Und: *Recht erlangt man nur durch Gewalt.*

Nietzsche schließlich notiert mit nihilistischem Furor: *Jene schauerliche Herrschaft des Unsinns und Zufalls, die bisher „Geschichte" hieß.*

Demgegenüber verweist der Schweizer Kulturhistoriker Jakob Burckhardt (1818–1897), berühmt durch seine *Weltgeschichtlichen Betrachtungen*, auf Augustin und Hegel als die hervorragendsten Denker, die die Geschichte systematisch aus einem Prinzip erklären.

Augustin unternimmt im *Gottesstaat*, seinem, wie er sagt, *magnum opus et arduum*, seinem *größten und beschwerlichsten Werk*, eine groß angelegte Geschichtsdeutung: Durch den Abfall der bösen Engel kam es zur Scheidung in zwei Reiche, die *civitas terrena* und die *civitas dei*. Der Gottesstaat wird durch die Gemeinschaft der Engel und der von Gott gnadenhaft Erwählten gebildet. Er beruht auf der *amor dei*, der Gottesliebe, dem Frieden des Herzens, dem Gehorsam gegenüber Gott und der Selbstverachtung. Der Gottesstaat ist und bleibt ewig.

Demgegenüber ist der Erdenstaat eine *civitas diaboli* und eine *communio malorum*, also ein Staat des Teufels und eine Gemeinschaft der Bösen. Er basiert auf verhängnisvoller Eigenliebe, einem Scheinfrieden, Stolz, Ungehorsam und Gottesverachtung. Dieser Erdenstaat wird im himmlischen Endgericht verdammt und vernichtet werden. Beide Bereiche sind auf der Welt aber jeweils nicht rein vorhanden; die Welt stellt sich als ein *corpus mixtum*, eine Vermischung beider Reiche, dar.

Auch die Kirche selbst kann nicht der reine Gottesstaat sein, weil sie aus einer Mischung von Christen und Scheinchristen besteht. Der

Staat wiederum ist nur ein gebrochener Vertreter des Satans. Sofern christliche Kaiser, die gerecht und demütig sind, ihre Macht in den Dienst Gottes stellen, kann der Rechtsstaat sogar ein Wegbereiter zum Gottesstaat sein. Aber der Staat bleibt sündenbehaftet.

Adam hat mit seiner Ursünde die Ungehorsamssünde der gefallenen Engel wiederholt, so dass nach ihm die Menschen, als Gegenstück zum Gottesstaat, den irdischen Weltstaat errichtet haben. Geschichtlich repräsentieren der gerechte Abel, das erwählte Volk Israel und Jerusalem, Gottes irdische Residenz, den Gottesstaat. Kain, der Städtebauer und Brudermörder, die Völker der „Heiden" und die Weltstadt Babylon vertreten den sündigen Weltstaat. Augustin: *(...) verschieden ist ihr Glaube, verschieden ihre Hoffnung, verschieden ihre Liebe. Schließlich aber werden sie im letzten Gericht voneinander getrennt, und jeder gelangt zu seinem Ende, einem Ende, das kein Ende nimmt.* Bis zu ihrer ewigen Scheidung am Ende der Zeit existieren die beiden Reiche unsichtbar nebeneinander. Der Riss geht durch die Gemeinschaften von Kirche und Staat hindurch.

Bei Augustin wird die Geschichte zweigeteilt, zu einer Heils- und Unheilsgeschichte. Es ist eine Philosophie der Weltgeschichte vom Standpunkt der Offenbarung aus. Unter der Hand wird der *Gottesstaat* von Augustin zu einem Politikum das ganze Mittelalter hindurch. Hierzu noch einmal Hans Küng: *Denn was lag insbesondere im großen Streit zwischen Papst und Kaiser, um Investitur und Macht in der Christenheit näher, als den deutschen Kaiser und das Reich als „Weltstaat" zu diskreditieren und Papst und römische Kirche als „Gottesstaat" zu glorifizieren?*

Augustin legt eine Geschichtsphilosophie mit einem klar definierten Anfang und Ende vor. Gegenüber den antiken Geschichtstheoretikern, die behaupten, der Weltablauf bestünde aus einer zyklischen Wiederkehr des immer Gleichen, vertritt er eine Linearität der Geschichte: Gott hat diese Welt erschaffen und führt sie, über das Erlösungswerk Jesu Christi und mit seiner Wiederkunft am *Jüngsten Gericht*, zu ihrem Ende. Wie in der Schöpfungsgeschichte unternimmt Gott diese Entwicklung der Weltgeschichte in sieben Zeitabschnitten.

Das erste Weltalter, gleichsam der erste Tag, reicht von Adam bis zur Sintflut, das Zweite von da an bis Abraham … Darauf folgen die vom Evangelisten Matthäus angesetzten drei Weltalter bis zur Ankunft Christi, deren jedes vierzehn Geschlechter in sich begreift, das eine von Abraham bis David, das andere von da bis zur babylonischen Gefangenschaft, das Dritte von da bis zur Geburt Christi im Fleisch. Bis dahin also im Ganzen fünf (Zeitabschnitte – M.J.). *Das Sechste dauert noch an und ist nach keiner Zahl von Geschlechtern bemessen … Das Siebte aber wird unser Sabbat sein, dessen Ende kein Abend ist, sondern der Tag des Herrn … dann werden wir stille sein und schauen, schauen und lieben, lieben und loben. Das ist es, was dereinst sein wird, an jenem Ende ohne Ende. Denn welch anderes Ende gäbe es für uns, als heimzugelangen zu dem Reich, das kein Ende hat?*

Kein anderer Denker hat so stark das kirchliche Interesse an Geschichte und Geschichtlichkeit angesprochen wie Augustin. Er vergleicht die der Ewigkeit vorgehenden sechs Zeitabschnitte, die *articuli temporis*, mit der Abfolge des Lebens: Kindheit *(infantia)*, frühe Jugend *(pueritia)*, eigentliche Jugend *(adolescentia)*, Mannesalter *(juventus)*, Alter *(gravitas)* und Greisentum *(senectus)*.

Die geistigen Angehörigen des *Gottesstaates* bewegen sich im Weltstaat als *Fremdlinge*. Denn die Weltstaaten sind, wenn sie nicht von kirchentreuen Herrschern wie Konstantin oder Theodosius geführt werden, nach Augustin verbrecherisch: *Was anders sind also Reiche, wenn ihnen Gerechtigkeit fehlt, als große Räuberbanden? Sind doch auch Räuberbanden nichts anderes als kleine Reiche. Auch da ist eine Schar von Menschen, die unter Befehl eines Anführers steht, sich durch Verabredung zu einer Gemeinschaft zusammenschließt und nach fester Übereinkunft die Beute teilt. Wenn dies üble Gebilde durch Zuzug verkommener Menschen so ins Große wächst, dass Ortschaften besetzt, Niederlassungen gegründet, Städte erobert, Völker unterworfen werden, nimmt es ohne weiteres den Namen Reich an, den ihm offenkundig nicht etwa hingeschwundene Habgier, sondern erlangte Straflosigkeit erwirbt. Treffend und wahrheitsgemäß war darum die Antwort, die einst ein aufgegriffener Seeräuber Alexander dem Großen gab. Denn als der König den Mann fragte, was ihm einfalle, dass er das Meer unsicher mache, erwiderte er mit freimütigem Trotz: „Und was fällt dir ein, dass du das Erdreich unsicher machst? Freilich, weil ich es mit einem kleinen Fahrzeug tue, heiße ich Räuber. Du tust es mit einer großen Flotte und heißt Imperator.*"

Augustin ist an der Realgeschichte wenig interessiert. Warum sollte er auch, wenn er das Leben als eine vorübergehende *Pilgerschaft* auf dem Weg ins ewige Heil oder Unheil versteht? Die Geschichte läuft nach Augustin über die Menschwerdung Christi und seinen Kreuzestod auf Gott zu, der sie auch in Gang gebracht hat. Solange dieser Geschichtsweg dauert, wirken in ihm jene schlimmen Mächte, Gewalten und Kräfte, die nur Gott zu beenden vermag. Alle Menschen, besonders die Christen, müssen auf Erden leiden. Doch da die Geschichte *teleologisch*, das heißt zielgerichtet, auf Gott zuläuft, sind auch die fürchterlichsten irdischen Leiden letztlich bedeutungslos angesichts der verheißenen Ewigkeit. Wenn am *Jüngsten Tag* der ewige und unveränderliche *Gott alles in allem sein wird*, dann wird mit der Zeit auch die Geschichte aufgehoben. Augustin entwickelt eine eigene, komplizierte Geschichte der Zeit.

Die Welt wird in einem Schöpfungsakt aus nichts erschaffen. Diese *creatio ex nihilo* ist sozusagen das Urwunder Gottes, auf dem das

Sein beruht. Augustins Weltbild ist das eines fundamentalistisch Gläubigen. Es ist in der Strahlkraft seiner naiven Kindlichkeit nicht ohne anrührende Züge. Philosophisch betrachtet ist es idealistisch und vorwissenschaftlich.

Das wird besonders deutlich, wenn man sich die Denker von Kopernikus, Galilei, Giordano Bruno über Newton bis Immanuel Kant in Erinnerung ruft. Sie bringen das augustinische und geozentrische Weltbild der Kirche und damit ihr Deutungsmonopol der Welt zum Zusammenbruch. Der junge Kant (1724–1804) legt etwa 1755 eine *Allgemeine Naturgeschichte und Theorie des Himmels* vor, in der er die Entstehung des Planetensystems materialistisch-naturwissenschaftlich, das heißt ohne die Hilfshypothese eines Schöpfergottes, begründet. Kant sieht die Wirkungsweise und Höherentwicklung der Materie als in ihr selbst angelegt: *Ich genieße das Vergnügen, ohne Beihilfe willkürlicher Erdichtungen, unter der Veranlassung ausgemachter Bewegungsgesetze sich ein wohl geordnetes Ganzes erzeugen zu sehen.* Als ein Schüler Newtons schildert Kant die Entstehungsgeschichte des Kosmos als einen nicht übernatürlichen, sondern *geschichtlichen* Vorgang mit den stolzen Sätzen: *Gebt mir Materie, ich will eine Welt daraus bauen! Das ist, gebt mir Materie, ich will euch zeigen, wie eine Welt daraus entstehen soll. Denn wenn Materie vorhanden ist, welche mit einer wesentlichen Attraktionskraft begabt ist, so ist es nicht schwer, diejenigen Ursachen zu bestimmen, die zu der Einrichtung des Weltsystems, im Großen betrachtet, haben beitragen können.*

Der gleiche Aufklärer und Philosoph Kant ist es denn auch, der als ein radikaler denkerischer Antipode zu Augustin auf den Mühen der irdischen Weltverbesserung in weltbürgerlicher Absicht besteht. Er lehnt den Gedanken eines *Gottesstaates* als fantastische Fluchtbewegung rigoros ab. Ebenso wenig teilt der preußische Protestant die augustinische Konzeption einer katholischen Weltmission. Er formuliert vielmehr bescheiden das Programm einer Sittlichkeit aus dem *kategorischen Imperativ* menschlicher Moralität. Damit folgt er dem Geist der antiken Philosophie.

Sein Hauptwerk zum Thema Religion nennt Kant denn auch, die Maße zurechtrückend, *Die Religion innerhalb der Grenzen der bloßen Vernunft*. Die Vorrede zur ersten Auflage beginnt er mit dem Satz: *Die Moral, sofern sie auf dem Begriffe des Menschen, als eines freien, eben darum auch sich selbst durch seine Vernunft an unbedingte Gesetze bindenden Wesens gegründet ist, bedarf weder der Idee eines anderen Wesens über ihm, um seine Pflicht zu erkennen, noch einer anderen Triebfeder als des Gesetzes selbst.*

Kant ging es so, wie es Augustin gewünscht hätte: 1794 wurde sein Werk von der Katholischen Kirche auf den Index gesetzt, und der zuständige preußische Staatsminister und Chef der Geistlichen Angelegenheiten drohte ihm wegen seiner kritischen Religionsschrift mit Berufsverbot.

Augustin und die Folgen

Die Heiligen in der Geschichte waren allesamt Besessene gewesen, die Stimmen hörten oder Erscheinungen hatten.

Leon de Winter, Malibu

Mit Augustin tritt, scharf markiert und unversöhnlich, der philosophische Zwiespalt in das abendländische Denken: Hier das ohnmächtige *Ich*, dort der allmächtige *Gott*. Hier die *civitas terrena* und *civitas diaboli*, *Weltstaat* und *Weltreich des Satans*, dort die *civitas dei*, der *Gottesstaat*. Hier der triebhaft schmutzige *Leib*, dort die unsterbliche *Seele*. Hier die *Erbsünde*, dort die unergründliche göttliche *Gnade*. Hier die *Hölle*, dort der *Himmel*. Hier das strauchelnde *Individuum*, dort die gnadenspendende *Kirche*.

Im Frühmittelalter ist der Einfluss Augustins nicht nur für das Mönchswesen überragend, sondern seine allgemeine Stellung als Kirchen-

WOHER KOMME ICH?
WOHIN GEHE ICH?
WER BIN ICH?

lehrer wird so erhöht, dass er unmittelbar hinter den Aposteln steht *(post Apostolos ommnium ecclesiarum magister)*. Augustins *Gottesstaat* mit der Lehre von den beiden Schwertern der weltlichen und der geistlichen Macht munitioniert die *ecclesia militans*, die *kämpfende Kirche*. Augustin inspiriert Kirchengelehrte von Anselm von Canterbury und Abaelard bis zu deren Gegnern Petrus Damiani und Bernhard von Clairvaux: Der irdische Staat ist nach Augustin eine physische Autorität, die sich durch Macht und Furcht behauptet, die Kirche dagegen eine moralische Instanz, die durch Lehre und Sakramentenverwaltung wirkt.

Ganz im Geiste des Augustinus besteht, wie berichtet, der Reformator Luther auf der Erbsünde, der Schwäche des Fleisches, der radikalen Ohnmacht des Menschen und seiner alleinigen Rettung durch Gott. Calvinisten und Jansemisten berufen sich in ihren theologischen Kämpfen auf Augustin. Mit der Aufklärung geht das augustinische Denken in der Öffentlichkeit zurück, umso fester folgt ihm der Vatikan bis hin zum Weltkatechismus von 1993, der fast durchgängig augustinisch geprägt ist.

Augustin wird noch einmal durch den protestantischen Umbruch aktualisiert, denn die Reformatoren betrachten sich als seine Schüler. Hans Küng: *Dessen Leidenschaft im Kampf gegen den Pelagianismus, der die Menschenwerke gegenüber Gottes Gnade betont, wollten sie in ihrem Kampf gegen die römische Werkgerechtigkeit ... fortsetzen. Nach Luther, Calvin und den anderen Reformatoren erreicht der Mensch die Gewissheit seines Heils nicht durch alle die vorgeschriebenen oder empfohlenen frommen Werke, sondern „allein durch den Glauben" („sola fide"), was dem „allein durch Gnade" („sola gratia") entsprach. Das war die authentische Lehre des Paulus von der Rechtfertigung des Menschen, das war auch die Lehre Augustins. Was für die Reformatoren Paulus unter den neutestamentlichen Zeugen, das war für sie Augustin unter den Vätern ... So blieb der Protestantismus besonders dort, wo er sich dem reformatorischen Rückgriff auf das Evangelium radikal verpflichtet fühlte, bis ins 19. und 20. Jahrhundert hinein stark von Augustin geprägt.*

Als theologischer Geschichtsinterpret entwarf Augustin eine eschatologische, auf Erlösung ausgerichtete Lehre, die in den vorsozialistischen Utopien wie in der säkular gewendeten Geschichtstheologie des Historischen Materialismus bei Friedrich Engels, Karl Marx und Lenin unter radikal veränderten Vorzeichen wieder aufersteht.

Philosophie, so hat Hegel gesagt, ist *ihre Zeit in Gedanken gefasst*. Augustin schwankt als ausgebildeter Rhetor und als *Soldat der Kirche*, wie er sich selbst bezeichnete, zwischen der Leuchtkraft der Vernunft und dem Glauben als Unterwerfung unter die Offenbarung. Der Mann, der von sich sagt *Ich brauche die Vernunft, um zu glauben, und ich glaube, damit ich begreifen kann*, warnt zugleich vor dem Erkenntnistrieb: *Denn außer dieser bösen Lust des Fleisches, die in aller Sinnenlust und Gier nach Freude wohnt, und die zu Grunde richtet, wer ihr … dient, lebt in der Seele eine andere Begierde, die … zwar nicht im Fleische sich ergötzen, aber wohl durch das Fleisch in eitlem Vorwitz Nichtiges erfahren will, was dann geschminkt wird mit dem Namen der Erkenntnis und der Wissenschaft. Um der nackten Neugier Willen geht man daran, all das Geheimnisvolle der Natur, das doch für unsere Sinne nicht geschaffen, auszuforschen, und sucht nach Dingen, die zu Wissen uns nichts nützt, doch ist es nur der eine Wunsch bei allen Menschen: zu erkennen.*

Dieses augustinische Misstrauen gegen den Intellekt hat der Katholischen Kirche bis heute geschadet. In der „alten" Bundesrepublik Deutschland, vor der Wiedervereinigung, haben Wahlanalysen seit Adenauers Zeiten mit schöner Regelmäßigkeit ergeben, dass hohe Wahlzustimmung zur Union, Katholizität und niedriger Bildungsstand auf das Engste miteinander korrelieren. Mit dem Schwinden des katholischen *just milieu* (richtige Mitte – M. J.) seit der zweiten Hälfte der sechziger Jahre ist jedoch auch der katholisch-konservative Wählerblock zerfasert. Der Soziologe Gerhard Schmidtchen hat dieses Phänomen der kirchlichen Machtauszehrung wie folgt beschrieben: *Wissenschaftlicher und gesellschaftlicher Fortschritt, Wachstum der Partizipationschancen und Lebensfreude, Freiheit auch in sexueller Beziehung sind die Dimensionen eines in den säkularen Institutionen verankerten Wertsystems, das stilprägend für die soziale Interaktion ist ... Diese Werte werden nach Auffassung zahlreicher Menschen von der Kirche nicht nur nicht gedeckt, sondern behindert, delegitimiert.* (zitiert nach Thomas M. Gauly *Katholiken. Machtanspruch und Machtverlust*) Die augustinische Abwertung der Frau zur untertänigen Erfüllungsgehilfin des Mannes tat ein Übriges, das Wählerpotenzial emanzipierter Frauen abzuschrecken.

Augustins private Besessenheit erweist sich bis heute als Katastrophe für die katholische Sexualmoral. Mit starrem Blick auf die Genitalität fixiert, vermag diese das wunderbare Beziehungswerk der Erotik zwischen Frau und Mann nicht zu begreifen und schon gar nicht zwischen gleichgeschlechtlichen Partnern. Augustin verherrlicht die Jungfräulichkeit, also die nicht gelebte Weiblichkeit und Männlichkeit, und die *Josefsehe*. Er fordert die sexuelle Enthaltsamkeit Liebender, wenn kein Kinderwunsch vorliegt, oder wenn die Frau jenseits der Empfängnisfähigkeit ist. Augustin: *Die rechte eheliche Keuschheit meidet den ehelichen Verkehr mit der Menstruierenden und der Schwangeren, ja unterlässt jede eheliche Begegnung, wenn keine Aussicht auf eine Empfängnis mehr besteht, wie bei älteren Leuten.*

Noch in jeder Therapie mit katholischen Expriestern bin ich bisher auf schwere, seelische Verletzungen durch die unmenschlichen Trieb- und Liebesverbote ihrer Amtskirche gestoßen. In mehreren meiner Bücher habe ich darüber berichtet, zuletzt in *Zeit für Zärtlichkeit*. Erwachsene Männer weinen in meiner Praxis, wenn sie auf diese Nöte zu sprechen kommen. Sexualität bedeutet für sie Todsünde und damit Hölle. So wurde und wird die Angst von der Amtskirche künstlich erzeugt und schon früh in die Seelen der Gläubigen gebrannt. *Die Verachtung des geschlechtlichen Lebens*, sagt Nietzsche (in *Umwertung aller Werte*), *ist das Verbrechen selbst am Leben.*

Der Denker Gerhard Wehr notiert in einem Aufsatz über Augustin bitter: *Der unheilvolle Einfluss dieser Auffassung auf die kirchliche Morallehre, auf die Beichtpraxis und auf die Lebensgestaltung lässt sich kaum überschätzen. Augustins persönliche Trieb- und Schattenproblematik … begegnet uns in einer riesenhaften Projektion in der abendländischen Geistesgeschichte.*

Augustin verneint die geschichtsprägende Kraft der menschlichen Freiheit. An ihrer Stelle installiert er einen göttlichen Urheber der geschichtlichen Ereignisse. Je größer Augustin Gott macht, desto kleiner wird bei ihm der Mensch. Augustin wörtlich: *Der Mensch hat außer sich nichts als Sünde und Lüge.* Wenn der Mensch solcher Art als „metaphysisch Kranker“ diagnostiziert wird, dann definiert sich im Umkehrschluss die katholische Kirche als der weise Doktor, der allein die Arzneien und Therapien, die zur Heilung führen, kennt und verordnen kann.

Heute stellen auch Theologen dieser dunklen Dogmatik die Frohbotschaft eines humanen Diesseits entgegen. Der protestantische Pfarrer Kurt Marti fordert in einem Gedicht eine optimistische Freiheit:

ihr fragt,
wie ist die auferstehung der toten?
ich weiß es nicht

ihr fragt,
wann ist die auferstehung der toten?
ich weiß es nicht

ihr fragt,
gibt's eine auferstehung der toten?
ich weiß es nicht

ihr fragt,
gibt's keine auferstehung der toten?
ich weiß es nicht

ich weiß nur
wonach ihr nicht fragt:
die auferstehung derer die leben
ich weiß nur
wozu Er uns ruft:
zur auferstehung heute und jetzt

Mit seiner hierarchisch-institutionellen Kirchenkonzeption hat Augustin die Unterdrückung des Individuellen in der kirchlichen Praxis gefördert. Andererseits beschwört dieser „Ich-beseelte" Schriftsteller die Gottesebenbildlichkeit des Geistes in seinen virtuosen Selbstreflexionen. Damit fördert er die Entstehung des subjektiven *Ich* und seine eminente Bedeutung wie nur wenige andere Denker – Sokrates, Seneca, Montaigne, Pascal, Kierkegaard und Nietzsche vielleicht einmal ausgenommen. Um den Mann aus Hippo Regius herrscht ein Klima erschütternder Existenzialität. Der Schauspieler Gerard Depardieu zog im Frühjahr 2003 mit einer Rezitation der *Bekenntnisse* das fromme wie das intellektuelle Frankreich in den Bann. Er bekannte: *Mein Traum ist es, Augustinustexte vor der Jerusalemer Klagemauer zu lesen.*

Es bleibt unzweifelhaft die Radikalität seiner Seelenergründung. *Quaestio mihi factus sum, Ich bin mir selbst zur Frage geworden* – Augustin ist gleichsam der philosophische Kolumbus des neuen Kontinents menschlicher Innerlichkeit. Als Pionier des intrapsychischen *Ich* stellt Augustin die Kompassnadel der Wahrheitsfindung neu: *Geh nicht aus dir hinaus; in dich selber kehre ein; denn im inneren Menschen wohnt die Wahrheit.* Was für eine philosophische, was für eine therapeutische, was für eine menschliche Entdeckung könnte das sein!

Doch das Drama der Existenzangst beutelt ihn bis in die Grundfesten seines Seins. *Angst zu kennen und den Tod nicht begreifen*, sagt der Philosoph Hans-Georg Gadamer einmal (in *Behandlung und Gespräch*), *das ist der nie ganz verhallende Geburtsschrei des Menschen.* Sören Kierkegaard beschwört in seinem dunklen Werk *Der Begriff der Angst* (1844) dieses existenzielle „augustinische" Grauen derart: *Kein Großinquisitor hält solche schrecklichen Qualen bereit wie die Angst, und kein Späher weiß den Verdächtigen geschickter anzugreifen in dem Moment, da er am schwächsten ist, oder Fallen zu stellen, in denen das Opfer sich fängt und windet, als die Angst es tut. Und kein scharfsinniger Richter kann den Angeklagten so gnadenlos verhören wie die Angst, die ihre Beute niemals entkommen lässt, weder durch Ablenkungsmanöver noch durch Lärm, weder bei der Arbeit, noch beim Spiel, weder bei Tag noch bei Nacht.* In dieser Situation äußerster Ausgesetztheit – *Mein Sterben war ein Erwachen zum Leben* – erfährt Augustin seine *Bekehrung*.

Mit einem weltgeschichtlich noch nie da gewesenen schonungslosen Subjektivismus und geradezu tiefenpsychologischer Reflexionsschärfe lässt Augustin uns in seinen *Bekenntnissen* an seiner Ichfindung teilhaben: *Jetzt stelltest du mich Auge in Auge selbst gegenüber*, spricht er zu Gott, *dass ich schaute, wie hässlich ich sei, wie entstellt und schmutzig, voller Flecken und Schwären. ... Nun aber war der Tag gekommen, an dem ich nackt dastand vor mir selbst.*

Der katholische Humanist Romano Guardini (1885–1968) rühmt in seinem Werk *Die Bekehrung des Aurelius Augustinus* diese Existenzialität und Modernität Augustinus: *Die beunruhigende und zugleich hellsichtig machende, gefährdende und anspornende Weise, das eigene Dasein zu erleben und nach dessen Wesen zu for-*

schen, zeigt sich besonders deutlich in den ... Confessiones. Die Fragen, welche darin gestellt werden; die Art, wie sich dabei das Denken bewegt; die Weise, wie der Denkende die eigene Wirklichkeit im Verhältnis zur Welt und beide im Verhältnis zur Wirklichkeit Gottes empfindet, machen jene Kapitel zu einer der reinsten Ausbruchstellen des neuzeitlichen Existenzerlebnisses.

Gottesergründung ist für Augustin Seelenergründung. Er ortet Gott im tiefen Grund der Seele und konstituiert umgekehrt die Seele in ihrer Korrespondenz zu Gott. Karl Jaspers bezeugt Respekt: *Nie vorher hatte der Mensch so vor seiner eigenen Seele gestanden, nicht Heraklit, nicht Sokrates, nicht Plato.*

Vom Protestanten des 16. Jahrhunderts, Luther, bis zum Katholiken des 20. Jahrhunderts, Schneider, spannt sich Augustins Denk- und Fühlbewegung in das unruhige Herz hinein. Noch nach dem 2. Weltkrieg schreibt Reinhold Schneider, erschüttert von den deutschen Verbrechen gegen die Juden und die unterdrückten Völker und angesichts der schnellen bundesdeutschen Schuldverdrängung ein „augustinisches" Sonett, *Die Geschlagenen*. Sein erster Vers lautet:

Geh weiter nicht!
Hier halt dein Herz in Händen,
inbrünstig suche dich und werde dein!
Und brechen alle Mächte auf dich ein:
In deinem Herzen
muss die Not sich wenden.

Im Gegensatz dazu steht Augustins pessimistisches christlich-fundamentalistisches Menschenbild. Die „heidnischen" Philosophien, so befindet er grob, *wollten über das Meer, missachteten aber das Holz, das sie hinüber gebracht hätte – das Kreuz Christi.* Hier liegen die Grenzen seines Denkens.

Eugen Drewermann schreibt in *Kleriker* dazu: *Bei allem psychologischen Scharfsinn und offener Bereitschaft zur rückhaltlosen Selbstprüfung, mutet das Programm des Augustinus über tausendfünfhundert Jahre hinweg als die exakte Gegenposition zu dem an, was Nietzsche und Freud in ihrer Kritik am Christentum als Wiedergewinnung des „Griechentums" bzw. als Wiedergewinnung seelischer Gesundheit postulierten. In der Tat: Die griechisch-römische Antike mit ihren Mythen und Mysterien gilt bereits den frühchristlichen Apologeten* (Verteidigern – M. J.) … *als unüber-*

sehbare Quelle von Unzucht und Wollust aller Art. Drewermann weiter: *Man muss es als die entscheidende Tragödie der katholischen Kirche betrachten, dass sie auf die geistigen Herausforderungen ... immer wieder vornehmlich mit den Mitteln der Macht, statt mit den Mitteln des Geistes, mit dem Versuch zur Disziplinierung und Homogenisierung des Denkens, statt mit dem Vertrauen in die Überzeugungskraft ihrer Lehren mit einem ausgeklügelten System von Zensur und Strafe, statt mit dem Glauben an die Wahrheitsliebe und Wahrheitssuche ihrer eigenen Gläubigen geantwortet hat.*

Die Bundesrepublik wird offenkundig langsam aber sicher zu einem „heidnischen" Land mit christlichen Restbeständen – es gibt bereits heute mehr Konfessionslose als Kirchgänger, (nur noch zehn Prozent der Christen gehen allsonntäglich in die Kirche), mehr Atheisten *(Ich glaube nicht, dass es Gott gibt)* und Agnostiker *(Ich weiß nicht, ob es Gott gibt)* als Gott-Gläubige. Nach Emnid-Umfragen glaubt die Mehrheit der Deutschen nicht an eine Auferstehung nach dem Tode, an die Wunder Jesu, seine leibliche Auferstehung und Gottes-Sohnschaft, an die Jungfrauengeburt, die Erbsünde und an die

Existenz von Himmel und Hölle. Es scheint, als entgleite die Welt langsam dem Zugriff der christlichen Religion.

Stirbt damit also auch die Religiösität? Wer die Wucht der augustinischen Gottes- und Sinnfragen auf sich einwirken lässt, wird mit einer solchen eilfertigen Prognose vorsichtig sein. Vielleicht schärft die Auseinandersetzung mit dem sprachgewaltigen, aber doktrinären Kirchenvater unser Bewusstsein dafür, zwischen *Kirche* und *Religion* schärfer zu unterscheiden.

Wie stark die Institution Kirche mit ihrer konstitutionellen Starrheit und Überheblichkeit weiterhin an öffentlicher Legitimationsmacht abschmelzen wird, das haben unter anderem der Papst und die episkopalen Nachfolger des berühmten Bischofs Augustinus zu verantworten. Solange sie nicht einmal in der mikrokosmischen Streitfrage um das gemeinsame Abendmahl mit den Lutherischen zu einer Vereinbarung zu gelangen vermögen, sieht die Konjunkturprognose ihrer „Firma“ nicht eben rosig aus. Der katholische Priester Eugen Drewermann sagt es gewohnt klar: *Als Instanz zwischen Gott und den Menschen ist sie überflüssig und schädlich, diese Behörde, die sich Kirche nennt und sich anmaßt, Christus auf Erden amtlich vertreten zu können. ... Mit ihrem institutionalisierten Dogmatismus wird die Botschaft Jesu nicht vermittelt, sondern verhindert.* Drewermann fordert zur Entscheidung auf: *Gott ja, Kirche nein.*

Demgegenüber ist die *Religion* nicht ausgestorben. Sie zeigt sich eher verschleiert in mannigfachen Vexierbildern. Jahr für Jahr treffen sich, um nur ein einziges Beispiel zu nennen, Hunderttausende Jugendliche aus aller Welt zu den Begegnungen der ökumenischen Gemeinschaft von Taizé. Ob evangelisch, katholisch oder orthodox, kirchengebunden oder frei religiös, sie beten in zwei Dutzend Sprachen und sprechen aus dem Geist einer erfrischenden spontanen Spiritualität über alles, was sie bewegt, von der Liebe über den Hunger der „Dritten Welt" bis über die Bombenkriege der USA. Selbst in den terroristischen Unternehmungen religiöser Fundamentalisten beweist sich noch auf abartige Weise, welche Urkraft des Religiösen im Menschen schlummert und ihn zum Handeln treibt.

Wenn in der Kritik des 19. und 20. Jahrhunderts die Religion mit Begriffen wie *Illusion*, *Mythos*, *Utopie* und *Vision* erklärt wurde, so sind wir heute gegenüber diesen ursprünglich negativen Bewertungen vorsichtiger geworden. Da die Welt der reinen Wissenschaft, vom Atomwahn bis zum Klonen des Homunkulus an die Abgründe des technisch Machbaren führt, werden wir hellhöriger für die warnenden, sinnstiftenden und humanen Elemente eines religiösen Weltverständnisses. Wo steht geschrieben, dass die Illusion, der utopische Gegenentwurf und der „naive" Protest gegen eine schlechte Wirklichkeit sinnlos und aussichtslos sind?

Der Psychoanalytiker Heinz Henseler weist in seinem Buch *Religion – Illusion?* auf diese Zusammenhänge hin. Er empfiehlt das häufig zitierte Wort von Marx, die Religion sei das *Opium des Volkes*, einmal genau in seinem Kontext zu lesen: *Das religiöse Element ist in einem der Ausdruck des wirklichen Elendes und in einem die Protestation gegen das wirkliche Elend. Die Religion ist der Seufzer der bedrängten Kreatur, das Gemüt einer herzlosen Welt, wie sie der Geist geistloser Zustände ist.* Henseler zitiert

Herbert Marcuses Einwand gegen Freuds Illusionstheorie als bedenkenswert: *Wo die Religion weiterhin das kompromisslose Streben nach Frieden und Glück bewahrt, haben ihre „Illusionen" doch einen höheren Wahrheitsgehalt als die Wissenschaft ... Der verdrängte und umgeformte Inhalt der Religion kann dadurch befreit werden, dass man ihn der wissenschaftlichen Haltung ausliefert.*

In diesem Sinn wäre die Religion in ihren widerständigen, humanistischen Elementen ein gewichtiger Beitrag gegen die Sinnentleerung unserer *schönen neuen Welt* (Aldous Huxley). Henseler: *Sollte es bei der Religiosität primär ... um Sinn und nicht um Wahrheit gehen? Vielleicht sind die Glaubensinhalte, die Glaubenslehren gar nicht entscheidend für die Religiosität. Vielleicht ist das Glaubenkönnen viel bedeutsamer als das Fürwahrhalten. Die Religiosität also als eine Haltung der Achtung vor dem Heiligen, der Idee von der Würde und Unverletzlichkeit.*

Vielleicht braucht jede Gesellschaft auch, wie der große Soziologe Emile Durkheim (1858–1917) in seinem gewaltigen Werk *Die elementaren Formen des religiösen Lebens* konstatiert, Kollektivgefühle und Ideen, die den Alltag transzendieren und Zuversichten setzen. Durkheim: *Welchen wesentlichen Unterschied gibt es zwischen einer Versammlung von Christen, die die wesentlichen Stationen aus Christi Leben feiern, oder von Juden, die den Auszug aus Ägypten und die Verkündigung der Zehn Gebote zelebrieren, und einer Vereinigung von Bürgern, die sich der Errichtung einer neuen Moralcharta oder eines großen Ereignisses des nationalen Lebens erinnern?* Und: *Es gibt keine unsterblichen Evangelien; aber nichts rechtfertigt den Glauben, dass die Menschheit unfähig wäre, in der Zukunft ein neues zu erschaffen. Welches die Symbole sein werden, unter denen sich der neue Glaube ausdrücken wird, ob sie jenen in der Vergangenheit gleichen oder nicht, ob sie der Wirklichkeit, die sie ausdrücken werden, angepasst sind oder nicht, ist eine Frage, die das menschliche Fassungsvermögen überschreitet.*

Ist der Gegensatz zwischen Glauben und Vernunft wirklich unaufhebbar? Was die Wissenschaft der Religion bestreitet, sagt der französische Soziologe, ist nicht das Recht, zu sein, sondern über die Dinge der Natur anmaßende dogmatische Feststellungen zu treffen und damit den Menschen in eine geistige

Zwangsjacke zu stecken. Längst haben sich die Wissenschaft, die öffentliche Meinung und die Medien als Gegenkräfte zum ursprünglichen Religionsmonopol etabliert. Durkheim: *Damit übt der Glaube auf das System der Vorstellungen, das man weiterhin religiös nennen kann, nicht dieselbe Vorherrschaft aus wie früher. Ihr gegenüber steht eine rivalisierende Macht, die, aus ihr entstanden, sie von nun an ihrer Kritik und ihrer Kontrolle unterwirft.*

Durkheim wendet sich jedoch auch kritisch an all jene, die das Phänomen der Religion und des religiösen Fragens allzu forsch auf der Mülldeponie der Geistesgeschichte entsorgen wollen. Er sagt: *Aber die Religion existiert; sie ist ein System gegebener Tatsachen; mit einem Wort: sie ist eine Realität. Wie könnte die Wissenschaft eine Realität verneinen? Soweit die Religion Handeln ist, soweit sie ein Mittel ist, um die Menschen zum Leben zu bringen, kann die Wissenschaft sie gar nicht ersetzen, denn wenn sie das Leben auch ausdrückt, so erschafft sie es nicht.*

Mehr noch. Wo das Fragen nach der *religio*, der existenziellen Rückbindung des Menschen an haltgebende Normative, nicht mehr stattfindet, da droht der Mensch in der so *entzau-*

berten Welt (Max Weber) geistig zu erfrieren. Die Dichterin Karoline von Günderrode (1780–1806) hat dieses drohende Gefühl der Verlorenheit in einer sinnentleerten Welt mit ahnungsvollem Schaudern beschrieben:

Vorzeit und neue Zeit

Ein schmaler rauher Pfad schien sonst die Erde.
Und auf den Bergen glänzt der Himmel über ihr,
Ein Abgrund ihr zur Seite war die Hölle,
Und Pfade führten in den Himmel und zur Hölle.

Doch alles ist ganz anders nun geworden,
Der Himmel ist gestürzt, der Abgrund ausgefüllt,
Und mit Vernunft bedeckt, und sehr bequem
zum Gehen.

Des Glaubens Höhen sind nun demoliert.
Und auf der flachen Erde schreitet der Verstand,
Und misset alles aus, nach Klafter und nach
Schuhen.

Hier wird es spannend. Ein neuer Weg ist notwendig: Mit Augustinus, gegen Augustinus und über Augustinus hinaus.

Ein Verlag, ein Haus, eine Philosophie.

Millionen Bundesbürger kennen den kämpferischen Ganzheitsarzt Dr. Max Otto Bruker (1909–2001) aus dem Fernsehen, aus Vorträgen, durch den „Mundfunk" überzeugter Patienten. Vor allem lesen sie aber die rund 30 Bücher des schwäbischen Humanisten und Seelenarztes. Mit einer Buchauflage von über drei Millionen Exemplaren ist Max Otto Bruker der wohl bedeutendste medizinische Erfolgsautor im deutschsprachigen Raum. Der – in der Nachfolge des Schweizer Reformarztes Bircher-Benner scherzhaft „Deutschlands Vollwertpapst" genannte – Massenaufklärer, langjährige Klinikchef und Ernährungsspezialist lehrte zwei fundamentale Erkenntnisse Patienten wie Gesunden: Der Mensch wird krank, weil er sich falsch ernährt. Der Mensch wird krank, weil er falsch lebt.

Hinter den Erfolgstiteln des emu-Verlages steht ein bedeutender Forscher und Arzt, eine Bewegung, ein Haus und tausende Schülerinnen und Schüler. 1994 wurde das „Dr.-Max-Otto-Bruker-Haus", das Zentrum für Gesundheit und ganzheitliche Lebensweise, auf der Lahnhöhe in Lahnstein bei Koblenz bezogen. Es stellt die äußere Krönung des Brukerschen Lebenswerkes dar: Der lichte Bau mit seinem Grasdach, den Sonnenkollektoren und den Wasserrecyclinganlagen, seinen Seminarräumen, dem Foyer mit der Glaskuppel, dem liebevollen Biogarten und dem Kneipp-Tretbecken, ist als Treffpunkt für all jene konzipiert, denen körperliche und seelische Gesundheit, ökologische und spirituelle Harmonie Herzensbedürfnis und Sehnsucht sind.

Hinter dem eleganten Halbmondkorpus verbirgt sich eine Begegnungsstätte für Gesundheitsbewusste, Seminarteilnehmer, Trost-, Ruhe- und Anregungsbedürftige.

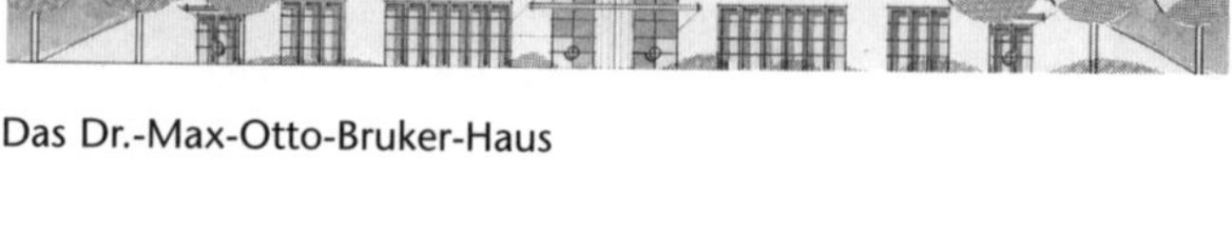

Das Dr.-Max-Otto-Bruker-Haus

Feste Termine:

Jeden Dienstag, 18.30 Uhr: Vortrag Dr. phil. Mathias Jung (Lebenshilfe und Philosophie)
Jeden Mittwoch, 10.30 Uhr: Fragestunde mit Dr. Birmanns (Ärztlicher Rat aus ganzheitlicher Sicht)

Ausbildung Gesundheitsberater/in GGB
Lebensberatung/Frauen-, Männer- und Paargruppen

Die vitalstoffreiche Vollwertkost hat ihre Verbreitung, auch im klinischen Bereich, durch die unermüdliche Information und praktische Durchführung von Dr. M. O. Bruker gefunden. Um die Erkenntnisse gesunder Lebensführung und die durch falsche Ernährung provozierte Krankheitslawine ins öffentliche Bewusstsein zu rücken, bildet die von ihm 1978 gegründete „Gesellschaft für Gesundheitsberatung GGB e. V." Gesundheitsberaterinnen und Gesundheitsberater GGB aus. Über 4000 Frauen und Männer haben bislang die berufsbegleitende Ausbildung bestanden und wirken in Volkshochschulen, Bioläden, Lehrküchen, Krankenhäusern, ärztlichen Praxen, Krankenversicherungen und ähnlichen Bereichen.

Auf der Lahnhöhe erhalten sie durch das GGB-Expertenteam nicht nur eine sorgfältige Grundlagenausbildung über die vitalstoffreiche Vollwerternährung und den Krankmacher der „entnatürlichten" (denaturierten) Zivilisationsernährung (raffinierter Fabrikzucker, Auszugsmehle, fabrikatorische Öle und Fette, tierisches Eiweiß usw.), sondern gewinnen auch Einblick in die leibseelischen Zusammenhänge der Krankheiten.

Anfragen zur Gesundheitsberater-Ausbildung wie zu den Selbsterfahrungsgruppen, Lebensberatung, Paartherapie und Psychotherapie bei Dr. Mathias Jung und weiteren Tages- und Wochenendseminaren sowie Einzelberatung sind zu richten an die Gesellschaft für Gesundheitsberatung GGB e.V., Dr.-Max-Otto-Bruker-Str. 3, 56112 Lahnstein (Tel.: 0 26 21/ 91 70 10, 91 70 17, 91 70 18, Fax: 0 26 21/91 70 33).

Fordern Sie ebenfalls ein kostenloses Probe-Exemplar der Zeitschrift „Der Gesundheitsberater" an!

Von Dr. Jung sind im emu-Verlag bisher erschienen:

die rote reihe,
band 1

die rote reihe,
band 2

die rote reihe,
band 3

die blaue reihe,
band 1

die blaue reihe,
band 2

die gelbe reihe,
band 1

die gelbe reihe,
band 2

Von Dr. Jung sind in der Sprechstunden-Reihe aus dem emu-Verlag bisher erschienen:

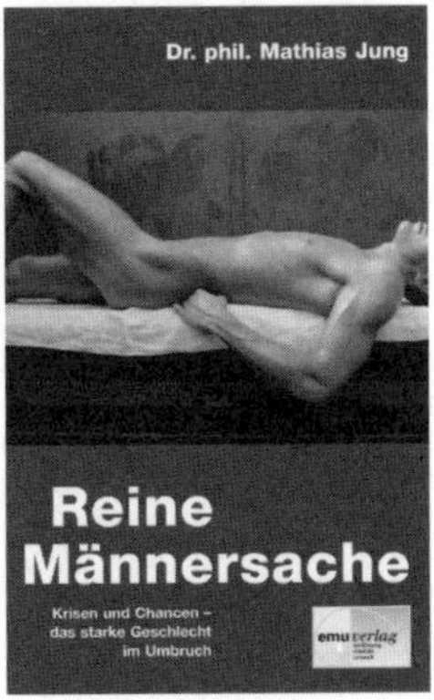

Von Dr. Jung sind in der Sprechstunden-Reihe aus dem emu-Verlag bisher erschienen:

Mathias Jung
Mit Illustrationen von Andrea Montermann
Zeit für Zärtlichkeit
Vom Abenteuer der Zuneigung
emu Verlag

Vom gleichen Autor erschienen folgende Vorträge als Audiokassetten im emu-Verlag

Lebensberatung

- Mein Charakter – mein Schicksal?
- Depression als Chance
- Das Verdrängte in unserer Seele
- Die Wunde der Ungeliebten
- Das Nein in der Liebe
- Was ist der Sinn des Lebens?
- Meine Sprache – meine Seele
- Söhne brauchen Väter
- Krankheit als Kränkung und Anpassung
- Eifersucht – ein Schicksalsschlag?
- Der Mann – ein emotionales Sparschwein
- Der kleine Prinz – mein verschüttetes Ich
- Geschwisterliebe – Geschwisterrivalität
- Verlassen und verlassen werden
- Neurodermitis – Fehlernährter Körper – Aufgekratzte Seele
- Froschkönig – Glück und Zähneklappern der Liebe
- Das verletzte Kind in mir oder Hans mein Igel
- Sein und Schein oder Des Kaisers neue Kleider
- Schneewittchen oder das Drama des Neides
- Das sprachlose Paar
- Zweite Lebenshälfte – Endlichkeit und Aufbruch
- Siddharta: das Rätsel des Lebens
- Das Drama der Trennung
- Ein Zimmer für mich
- Eisenhans oder Wie ein Mann ein Mann wird
- Mut zur Angst
- Das tapfere Schneiderlein oder Mut zum Leben
- Sexualität – Lust und Last
- Eigensinn oder Die Möwe Jonathan
- Außenbeziehung – Krise oder Chance
- Elternablösung – Hänsel und Gretel
- Liebesverträge in der Beziehung
- Lob der Einsamkeit
- Aggressionen unter Liebenden
- Mehr Zeit für mich
- Alkoholkrank: Der Betroffene und seine Familie

- Lebensbedingte Krankheiten nach Dr. M. O. Bruker
- Außenseiter – Das hässliche Entlein
- Befreiung der Weiblichkeit – Das Märchen Blaubart
- Tödliches Schweigen – Der Fischer und seine Frau
- Meditation: Freude – Angst - Hoffnung
- Alter und Tod. Rätsel der Natur
- Verzeihen und Versöhnen
- Frieden mit den Eltern
- Das Paar im Wandel: Jugend, Mitte, Alter
- Sexueller Missbrauch
- Seele - Sucht – Sehnsucht
- Organtransplantation – Sterben auf Bestellung?

Philosophie

- Sokrates oder Die Norm meines Gewissens
- Seneca oder Die Freude des Augenblicks
- Augustinus oder Der Zwiespalt
- Giordano Bruno oder Die neue Welt
- Descartes oder Der Januskopf der Wissenschaft
- Spinoza oder Das Abenteuer der Diesseitigkeit
- Hobbes oder Die Zähmung der Bestie Mensch
- Leibniz oder Die Beste aller Welten
- Voltaire oder Die Waffe des Geistes
- Kant oder Die Mündigkeit
- Hegel oder Der Fortschritt
- Feuerbach oder Die Sache mit Gott
- Marx oder Die Entfremdung des Menschen
- Schopenhauer oder Die Qual des Seins
- Nietzsche oder Die Hymne auf das Leben
- Heidegger oder Die Angst
- Jaspers oder Die Weltphilosophie
- Hannah Arendt oder Vom tätigen Leben
- Bloch oder Das Prinzip Hoffnung
- Popper oder Die offene Gesellschaft